LE
SIÈGE DE TARRAGONE

EN 1811

D'APRÈS

LA DERNIÈRE VERSION ESPAGNOLE

COMPARÉE

AVEC LES TEXTES FRANÇAIS

PAR

le Comte Charles DE VALICOURT

CONSUL DE FRANCE A VALENCE

PARIS

LIBRAIRIE MILITAIRE R. CHAPELOT et Cᵉ

IMPRIMEURS-ÉDITEURS

SUCCESSEURS DE L. BAUDOIN

30, Rue et Passage Dauphine, 30

—

1900

Tous droits réservés.

DÉPOT LÉGAL
Seine
Nᵒ 493
1900

LE SIÈGE DE TARRAGONE EN 1811

D'APRÈS

LA DERNIÈRE VERSION ESPAGNOLE

COMPARÉE

AVEC LES TEXTES FRANÇAIS

PARIS. — IMPRIMERIE R. CHAPELOT ET Cᵉ, 2, RUE CHRISTINE.

LE
SIÈGE DE TARRAGONE
EN 1811

D'APRÈS

LA DERNIERE VERSION ESPAGNOLE

COMPARÉE

AVEC LES TEXTES FRANÇAIS

PAR

le Comte Charles DE VALICOURT

CONSUL DE FRANCE A VALENCE

PARIS

LIBRAIRIE MILITAIRE R. CHAPELOT et Cᵉ

IMPRIMEURS-ÉDITEURS

Successeurs de L. BAUDOIN

30, Rue et Passage Dauphine, 30

—

1900

Tous droits réservés.

LE SIÈGE DE TARRAGONE EN 1811

D'APRÈS

LA DERNIÈRE VERSION ESPAGNOLE

COMPARÉE

AVEC LES TEXTES FRANÇAIS

> *Antes morir que rendirse !*
> (Devise de la médaille commémorative
> *du siège.*)

Les relations françaises du siège de Tarragone sont nombreuses et bien détaillées.

Du côté espagnol, les auteurs décrivent à grands traits l'ensemble des opérations, mais ils évitent de pénétrer dans la trame des événements et ne scrutent que rarement les phases de l'action militaire.

L'opuscule du général *Senen de Contreras, commandant de la place,* est le plus intéressant à étudier. Malheureusement, sa lecture nous a révélé de telles exagérations patriotiques dans un but favorable à la défense, qu'il n'est pas possible d'accueillir cet exposé comme l'expression définitive de la pensée espagnole sur le mémorable siège qui nous occupe.

Nous accorderons plus de crédit au travail de M. Javier de Salas, *colonel d'artillerie, qui profita de ses loisirs de garnison* à Tarragone pour recueillir, dans le cadre même du drame, tous les éléments d'information disponibles. Il reconstitue le passé en s'inspirant surtout des auteurs français, dont il accepte généralement le témoignage, et confesse la pauvreté des sources officielles en Espagne[1]. M. de Salas déclare, en outre, vouloir observer une impartialité absolue en oubliant, comme historien, ses préférences nationales pour ne s'appliquer qu'à l'examen de la partie technique des faits de guerre.

En résumé, sa brochure paraît être, à l'heure actuelle, le plus consciencieux travail sorti d'une plume espagnole sur le siège de Tarragone. C'est à ce titre que nous nous proposons de l'analyser et de la fondre dans nos narrations historiques, en mettant en relief les divergences, afin de permettre la comparaison entre les versions des deux pays et d'obtenir ainsi *une moyenne voisine de la réalité*.

La place de Tarragone.

Étagée sur un rocher de marbre dominant la Méditerranée d'une hauteur de près de 100 mètres, au pied de la cathédrale qui occupe l'emplacement du capitole romain, Tarragone se divisait en deux parties : la ville haute et la ville basse. L'une et l'autre étaient entourées d'un mélange confus de fortifications antiques et d'ouvrages de diverses époques plus modernes.

La ville haute possédait une enceinte bastionnée irrégulièrement, sans fossés. Assise au sommet d'un roc escarpé de trois côtés, elle était, en outre, couverte à l'est, vers la route de Barcelone, par cinq forts ou redoutes formant une ligne qui s'appuyait à la mer. Elle pouvait être défendue, après l'occupation de la ville basse, dont elle était isolée par une muraille bastionnée coupant l'enceinte extérieure du nord-ouest au sud-est, avec une seule porte de communication entre les deux cités, la porte Saint-Jean. Au nord, cette muraille était rattachée à l'ancienne enceinte par une traverse établie au pied du bastion Saint-Paul. Une autre traverse prolongeait la même muraille depuis le bastion Cervantès jusqu'à la mer.

La ville basse, bâtie près du port, était une sorte de faubourg

---

[1] Les archives militaires de Tarragone ont été brûlées ou enlevées par les Français, assure l'autorité compétente, après leur entrée dans la place. On s'expliquerait ainsi la difficulté, sinon l'impossibilité, de découvrir les matériaux indispensables à un récit complet.

protégé, du côté de la terre par le fort Royal, carré bastionné situé à 600 mètres de la porte Saint-Jean, à 400 mètres de la mer, et enveloppé par une seconde enceinte régnant du bastion Saint-Paul à la Méditerranée. La ville basse était défendue par les bastions du port, de Saint-Charles, des Chanoines et de Santo-Domingo.

Outre ces ouvrages plus ou moins anciens, il faut signaler le fort du Francoli, de construction nouvelle, situé à l'embouchure et sur la rive gauche du cours d'eau de même nom qui tombe dans la Méditerranée à moins d'un kilomètre de la ville basse. Il protégeait le port et devait assurer à la place sa provision d'eau douce après l'interception des aqueducs par l'assiégeant. Ce fort communiquait avec l'enceinte de la ville basse par une muraille parallèle au rivage que soutenaient la lunette du Prince *b* et la demi-lune du Roi *a*. Une coupure de 80 toises reliait le bastion Saint-Charles au quai.

Le môle était, d'ailleurs, pourvu de batteries pointées sur la gorge de ces derniers ouvrages, élevés en prévision du siège.

A 1000 mètres des murs et vers le nord, le fort del Olivo, assis sur une colline de même hauteur que la ville, dont il est séparé par un vallon, représentait un ouvrage indépendant et de capitale importance.

Le fort de « Loreto » et la redoute voisine de « los Ermitanos » s'élevaient au nord-est à 2 kilomètres. Au surplus, la colline elle-même est un bloc immense constituant à lui seul une forteresse incomparable, qu'il est inutile de décrire davantage, car les chroniqueurs l'ont fait avec un luxe de détails bien suffisant.

Il convient, néanmoins, de signaler l'insistance avec laquelle les auteurs espagnols déprécient la valeur de la place. La brochure étudiée n'accuse pas autant cette préoccupation qui perce à chaque page du rapport du général Senen de Contreras, dont le but manifeste est de rehausser l'éclat de la résistance et surtout d'expliquer le dénouement. Toute exagération mise à part, on doit reconnaître que le fort du Francoli, la lunette du Prince, le bastion Saint-Charles et le fort Royal présentaient des défectuosités et des lacunes. Mais cette accumulation même des ouvrages de la basse ville et du port était la meilleure garantie pour une longue défense, et l'événement le démontra.

Ces réserves faites, on est encore frappé aujourd'hui du for-

midable appareil de cette citadelle aérienne, de ses soutiens,
courtines, bastions et forts que le temps, les boulets et les explosions ont suffisamment respectés pour permettre de réédifier l'ensemble par la pensée. Tout s'anime, tout reprend sa tragique
grandeur d'autrefois lorsque des explorations répétées mettent
l'observateur en contact direct avec les ruines. C'est ainsi que
nous avons voulu personnellement ressusciter les événements de
1811 en choisissant les mois du siège, mai et juin, pour écrire
ces lignes tracées jour par jour, après avoir relu, sur le terrain
même, les opérations consignées dans l'histoire à la date courante.

Dès 1808, Tarragone fut, grâce à sa position maritime et à sa
puissance, un lieu de refuge et une base pour les armées espagnoles. L'ordre et l'intelligence manquaient souvent, il est vrai,
et les dissentiments entre les chefs paralysaient les travaux
entrepris. Néanmoins, le patriotisme exalté de tous et la coopération des Anglais avaient eu pour résultat d'augmenter considérablement les moyens de défense, notamment par la construction du fort du Francoli, à l'embouchure du rio de ce nom, et
du fort de l'Olivo, déjà cité, qui joua un rôle prépondérant dans
le siège. Les murailles anciennes furent restaurées [1], la ville

---

[1] La ville de Tarragone est l'une des plus antiques du monde. Elle a vu
s'écouler, depuis sa fondation, près de 4,000 années. Il est pour ainsi dire
démontré aujourd'hui que son acropole cyclopéenne a été construite par les
Héthéens, tribu d'origine chananéenne procédant du Caucase et mentionnée
plusieurs fois dans la Genèse. Au temps du patriarche Abraham, ce peuple
était répandu dans le sud-est de l'Asie Mineure. Il se propagea rapidement,
s'étendit au loin, et les États formés par cette race primitive s'érigèrent en
confédération qui résista longtemps avec succès aux Égyptiens et notamment
à Ramsès II. — Les Peslages de la Grèce orientale n'étaient autres que les
Héthéens qui colonisèrent les côtes de la Méditerranée et, de proche en proche,
gagnèrent la Catalogne. Ils furent les architectes des murs cyclopéens les plus
anciens qui sont formés de pierres de grande dimension et de figure irrégulière posées à sec, sans mortier ni ciment, imitation grossière du style assyrien.
Or, les murailles de la haute ville à Tarragone reposent sur d'énormes blocs
rudimentaires de configuration variée qui répondent au type de l'œuvre cyclopéenne et aux constructions fortifiées de l'Argolide et de Troie, attribuées aux
Héthéens, colonisateurs de ces contrées. D'autre part, nombre d'objets trouvés
dans les profondeurs du sol de Tarragone ressemblent à ceux des peuples
héthéens qui vivaient sur les bords de la mer Égée.
Les données précédentes sont le résultat de l'analyse d'une brochure de

basse et le port dotés de nouvelles redoutes et de batteries. Toutes les classes sociales contribuèrent à l'armement avec une énergie et une persévérance admirables, les femmes elles-mêmes concourant à la besogne et à la mise en place des pièces d'artillerie. On calcule que la dépense engagée, en dehors de l'effort individuel, qui fut immense, s'éleva à plus de 6 millions de francs. Tarragone étant l'unique forteresse encore libre de la Catalogne, le général en chef, les autorités militaires et administratives, avec le personnel de leur suite, s'étaient réfugiés dans la ville, devenue la vraie capitale de la région et le centre du recrutement militaire. En outre, une foule de personnes, fuyant l'invasion, s'étaient établies à Tarragone, qui abrita dans ses murs jusqu'à 60,000 âmes, au grand préjudice du citadin. Mais, lorsque l'investissement commença, les étrangers aban-

---

M. de Guillen Garcia, intitulée l'*Acropole cyclopéenne de Tarragone*, Fribourg, imprimerie de l'œuvre de Saint-Paul, 1899.

L'éminent archéologue reconstitue savamment, grâce aux fouilles pratiquées, l'enceinte primitive de la forteresse successivement restaurée par les Romains, les Musulmans et les Chrétiens. Nous détachons de son ouvrage les extraits suivants : « L'acropole de Tarragone présente comme celles de l'Assyrie (imitées par les Héthéens), d'intervalle à intervalle, des tours de forme carrée qui étaient destinées à servir de nœud de résistance et à recevoir sur leurs plates-formes supérieures les machines de guerre qui constituaient l'artillerie de ce temps-là. Les tours servaient, en outre, à Tarragone, comme à Tirynthe et dans l'Assyrie, à renforcer les points faibles qui étaient les entrées.....

« Cette muraille est un des monuments les plus remarquables qui existent aujourd'hui dans le monde. Il est vrai que dans les cités héthéennes, dans les colonies phéniciennes, dans l'Argolide, il y a encore des restes dignes d'attention ; mais l'on n'y trouve aucun exemplaire qui offre le même développement et soit d'une antiquité aussi reculée.

« Les tronçons de la muraille cyclopéenne de Tarragone ont une largeur de 5 à 6 mètres et ont conservé, à leur point le plus élevé, une hauteur de 7 à 9 mètres. Cette muraille était formée de blocs de pierre posés à sec, tels qu'ils avaient été extraits de la carrière, ou dégrossis, en très petit nombre, à coups de marteau. Pour que la solidité du mur fût plus grande, les cavités que ces blocs laissaient entre eux étaient bouchées par des pierres de moindre dimension qui remplissaient le rôle de coins. »

L'un des blocs existants (et nous en connaissons de plus gros) a $3^m,57$ de long sur $1^m,82$ de large et $0^m,95$ de haut. Le poids d'une des pierres de la porte cyclopéenne du Rosario est évalué à plus de 30.000 kilogrammes.

L'expansion coloniale des Héthéens remonte à près de 2,000 ans avant J.-C. Le général Suchet pouvait donc, en montrant à ses soldats la citadelle à conquérir, répéter la phrase célèbre : « **Du haut de ces murailles quarante siècles vous contemplent !** »

donnèrent la place, et la population sédentaire elle-même, comptant 11,000 habitants, perdit également de son effectif, car la perspective du danger éloigna bien des familles.

290 pièces d'artillerie de tous calibres garnissaient la ville et ses forts. Les munitions et les vivres existaient en abondance et pouvaient être renouvelés par le port, qui était occupé par une escadre anglaise aux ordres du commodore Codrighton. Cette escadre comprenait trois navires et, parmi eux, le *Blake*, de 74 canons, deux frégates et quelques canonnières.

La garnison, au moment du blocus, ne s'élevait qu'à 6,600 hommes, dont 2,520 miliciens du pays, répartis en deux bataillons d'infanterie de dix compagnies et en deux batteries d'artillerie. Le gouverneur militaire était don Juan Caro, frère du marquis de La Romana ; le commandant du génie, don Carlos Cabrer et le commandant de l'artillerie, don Cayetano Saquetti.

La junte supérieure, qui résida quelque temps encore à Tarragone, avait décrété une levée de 9,000 hommes et réclamé des secours de Cadix.

A ces chiffres de l'auteur, ajoutons, d'après son propre témoignage, que, le 10 mai, le général en chef, marquis de Campoverde, rentra à Tarragone avec 4,000 hommes. De plus, Valence et les villes de la côte envoyèrent comme renforts le 2e régiment de Savoie, le 3e bataillon de Valence, ainsi que 200 artilleurs et marins, soit environ 3,500 hommes.

Vers le 20 mai, le bateau anglais l'*Invincible* et la frégate espagnole *Prueba*, escortant des transports, firent entrer dans la place un nouvel effectif de 5,000 hommes, provenant de Valence et de Cadix.

Toutes ces troupes, jointes à celles de la garnison, formaient un total d'environ 19,000 combattants. 6,000 hommes quittèrent la ville, le 31 mai, avec le général de Campoverde, et ils ne furent pas remplacés, le dernier secours amené, le 14 juin, ne s'étant élevé qu'à 400 hommes.

Il résulte de ces données, extraites de la brochure et réunies à dessein, que la garnison compta 7,000 hommes au début du siège ; 11,000 depuis le 10 mai ; 14,500 vers le 15, et 19,000 vers le 20 mai. Le 31, ce total fut ramené à 13,000 par le départ de 6,000 hommes ; et l'effectif ne changea plus jusqu'à la fin du siège.

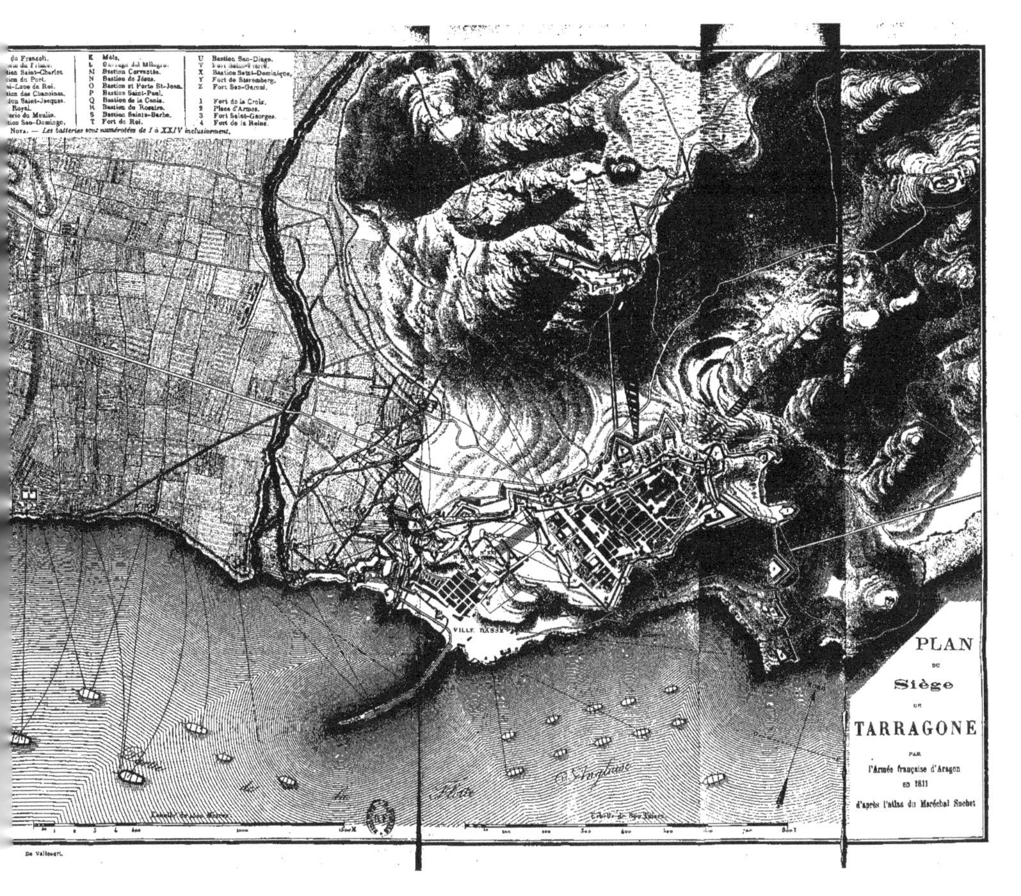

... du Francoli.
... de la Plana.
... Saint-Charles
... du Port.
Quai-Leve du Roi.
... des Chanoines.
... Saint-Jacques.
... Royal.
... du Moulin.
... San-Domingo.
K   Môle.
L   Ouvrage del Milagro.
M   Bastion Cervantès.
N   Bastion de Jésus.
O   Bastion et Porte St-Jean.
P   Bastion Saint-Paul.
Q   Bastion de la Canie.
R   Bastion du Rosaire.
S   Bastion Sainte-Barbe.
T   Fort du Roi.
U   Bastion San-Diego.
V   Fort Saint-Pierre.
X   Bastion Saint-Dominique.
Y   Fort de Starremberg.
Z   Fort San-Gervai.
1   Fort de la Croix.
2   Place d'Armes.
3   Fort Saint-Georges.
4   Fort de la Reine.
Nota. — Les batteries sont numérotées de I à XXIV inclusivement.
VILLE BASSE
PLAN
DU
Siège
DE
TARRAGONE
PAR
l'Armée française d'Aragon
en 1811
d'après l'atlas du Maréchal Suchet
De Vallecourt.

Il est vrai de dire que la place avait détaché des fractions armées qui opérèrent dans les environs, harcelant constamment l'assiégeant.

Quoi qu'il en soit, on peut assurer, d'après le narrateur espagnol, qu'une garnison moyenne de 14,000 combattants soutint le siège de Tarragone.

Suivant les historiens français, cette garnison comptait 20,000 hommes. Si ce chiffre paraît exagéré dans l'opinion de l'auteur, qui l'écarte pour ce motif, il semble que la vérité impose, tout au moins, de relever le total de 14,000 jusqu'à concurrence du nombre des Espagnols tués, blessés et prisonniers enregistré dans notre brochure, laquelle nous permet de grouper les renseignements ci-après : 1200 morts, 1000 prisonniers, à la prise de l'Olivo ; 3,418 blessés évacués par mer ultérieurement. Prise de la basse ville : 2,000 tués. Prise de la haute ville et fin du siège : 2,500 tués, 9,000 prisonniers. Total général : 19,118.

Nous obtenons ainsi le chiffre de 19,000 combattants, tiré de notre opuscule, et l'on ne comprend pas dans cette masse le contingent de l'escadre anglaise, qui contribua utilement à la défense.

L'investissement et l'attaque.

Au commencement de 1811, Tarragone était la seule ville importante de la Catalogne restant aux mains des Espagnols. Le général Suchet, qui commandait l'armée d'Aragon, reçut de Napoléon l'ordre de s'en emparer.

La prise du château de Figueras par le chef espagnol Rovira ne le détourna pas de cet objectif, en dépit des demandes d'appui du maréchal Macdonald. Il estimait, à juste titre, que Tarragone étant la tête et l'appui de la défense espagnole, sa chute porterait un coup fatal à la province et amènerait la reprise de Figueras, privée de tout secours, car le recrutement et l'envoi des renforts partaient de Tarragone.

De son côté, Macdonald était chargé de se maintenir dans la haute Catalogne et de conserver les communications avec la France.

Sans nous attarder aux opérations préliminaires décrites par

Belmas et reproduites par l'auteur, nous trouvons, à la date du 3 mai, devant les murs de Tarragone, une armée française de 20,000 hommes pourvue de 75 pièces de gros calibre pour le siège et de tout le matériel de campagne correspondant [1].

Le quartier général fut établi à Constanti, village situé sur une éminence qui domine le Francoli au nord-ouest et à 5 kilomètres des remparts. Le village de la Canonja, entre Constanti et Tarragone, servit de dépôt pour le matériel de l'artillerie et du génie. Enfin Reus, ville de 25,000 âmes, assise dans la vallée, à 12 kilomètres ouest de Tarragone, fut désignée pour recevoir les vivres et installer les hôpitaux.

Le 4 mai, toute la ligne d'attaque se porta en avant. La division Habert, à l'aile droite, occupant le terrain jusqu'à la plage ; la division Frère, au centre, et, à gauche, la division italienne. La brigade Salme fut détachée pour enlever deux retranchements avancés situés à 400 mètres du fort de l'Olivo. Emportée après une vive résistance qui coûta 180 victimes aux Français, dont 8 officiers, cette position permit à la division italienne d'exécuter un mouvement enveloppant vers le nord et l'est en passant derrière le fort de l'Olivo. Chemin faisant, elle s'empara du fort de Loreto et d'une redoute voisine « los Ermitanos » situés à 2 kilomètres de la place. Elle gagna ensuite la route de Barcelone et s'étendit jusqu'à la mer. La ville se trouva, de la sorte, complètement cernée du côté de la terre.

La vallée du Francoli (ouest et sud-ouest), qui monte en pente douce vers la basse ville, était ainsi aux mains des deux divisions Habert et Frère et la partie montagneuse (nord-ouest, nord, nord-est) était gardée par la division Harispe.

---

[1] C'est le matériel de Gribeauval qui a servi au siège de Tarragone. Ce matériel comportait alors des pièces de 24, de 16 et de 12 faisant du tir de brèche ou à démonter. Le tir de brèche s'exécutait entre 200 et 400 mètres. La portée maximum était de 1000 à 1100 mètres ; la portée moyenne et de bonne utilisation ne pouvait guère dépasser 600 mètres (c'est la portée extrême qui fut adoptée dans les expériences pour la construction des tables de tir). On avait aussi des mortiers de 12, de 10 et de 8 pouces tirant des bombes. Leur portée maximum était de 800 à 900 mètres et de 450 à 500 mètres seulement pour ceux de 8 pouces. L'on employait enfin des obusiers de 6 et 8 pouces, les premiers tirant jusqu'à 700 ou 800 mètres, les seconds jusqu'à 1200 mètres. (*Communication de M. Batsale, lieutenant au 24° régiment d'artillerie, à Tarbes.*)

Restait à déterminer le point d'attaque et cette étude motiva plusieurs reconnaissances de l'état-major français autour de l'enceinte. Il fut enfin décidé que l'on s'arrêterait au front ouest compris entre le bastion d'Orléans et le fort du Francoli. Les autres faces présentaient effectivement beaucoup plus de difficultés. Vers le nord, les fortifications avaient un développement de 1800 mètres qui sollicitait la défense à accumuler une partie de ses 300 bouches à feu contre la faible artillerie des assiégeants. Les ouvrages étaient construits sur la roche vive qui émergeait à fleur de sol dans un rayon assez étendu, rendant ainsi les tranchées impossibles.

Le front choisi formait, au contraire, un saillant facile à envelopper et trop resserré pour laisser place à de nombreux canons. Enfin, les ouvrages étaient moins résistants que partout ailleurs et la terre végétale donnait le moyen de s'abriter.

Le côté nord-est fut négligé par le motif qu'il était malaisé d'y faire passer l'équipage de siège à travers les rochers et les précipices. Il était, en outre, indispensable de s'emparer de la ligne des forts détachés protégeant l'enceinte. Ces raisons furent jugées suffisantes pour renoncer à l'attaque par le front nord-est.

Résidant à Tarragone depuis près de deux années, nous nous permettons d'exposer ci-après nos observations personnelles sur cette importante question, sans toutefois prétendre apporter un jugement définitif.

Nos explorations journalières nous donnent la conviction que le passage de l'artillerie pouvait être assuré, du pont du Francoli à la route de Barcelone, hors de la zone des feux de la place et des forts.

Le plan le plus simple consistait à atteindre Walls soit par Reus, soit par Villalonga, en choisissant la meilleure chaussée.

De Valls, une assez bonne route conduisait à Vendrell où passait la voie royale de Barcelone à Tarragone qui aboutit précisément en face du front nord-est comprenant les forts de San-Géroni, de la Croix, la place d'armes, le fort Saint-Georges et enfin celui de la Reine, tout contre la mer. Si le circuit à parcourir paraissait trop étendu, à 3 kilomètres du pont, une vallée débouche de la rive gauche du Francoli et s'élève insensiblement vers le nord-est. On passe sous l'aqueduc romain qui la coupe et l'on entre, en franchissant un dos d'âne très accessible, dans la vallé du Loreto, laquelle communique par un col peu élevé avec une troisième vallée aboutissant également à la route de Barcelone et située à merveille pour les opérations. Enfin, plus près de la place, une dépression de terrain originaire du Francoli se dirige encore vers le nord-est en quête des hauteurs qui se prolongent derrière le fort de l'Olivo, mais hors de ses atteintes. On descend de là dans la vallée du Loreto et l'on franchit le col indiqué pour gagner le point de destination. Ce tracé, plus direct, est aussi plus scabreux, sans être condamnable, puisque treize de nos pièces de siège ont été amenées face à l'Olivo pour le battre en brèche, c'est-à-dire après l'exécution de la partie difficile du trajet.

Le plan d'une attaque par le front nord-est et ses avantages paraissaient être les suivants : nos positions étaient hors de portée de la flotte anglaise qui devait forcément rester au large pour son tir, soit à cause de la hauteur des rochers qui bornent la mer, soit à cause du manque de fond dans l'anse des « Chanoines », séparée de celle du « Milagro » par le promontoire que couvrent les forts de la Reine et de Saint-Georges. Du reste, la pointe est de la baie était tout indiquée pour une batterie destinée à nous garder du côté de la mer[1].

Si l'on avait cinq forts devant soi, celui de la Reine et la place d'armes, le fort Saint-Georges lui-même, quoique plus élevé, ne pouvaient avoir que des vues difficiles et, par suite, une action très limitée sur nos lignes. Au surplus, la redoute qui les domine à 500 mètres sur leur front, nous aurait permis, après son occupation, de les réduire facilement, en raison de leur exiguïté et de leur faible garnison, car ils ne figuraient que comme défenses accessoires de la place.

La tâche principale était la conquête des forts de la Croix et de San-Géroni, celui-ci en dernier, car il est inaccessible de front. Au contraire, le fort de la Croix présente, à 200 mètres en avant et vers l'est, un mamelon tout préparé pour l'artillerie; enfin,

---

[1] En se rendant maître des ouvrages du port, Suchet comptait empêcher les débarquements. Il n'y parvint pas et ne pouvait y parvenir, car la partie de la côte protégée par la haute ville était toujours accessible.

Il eût fallu le concours d'une flotte pour compléter le blocus.

l'escarpement n'est pas exagéré, à la différence de ce qui existe pour son redoutable voisin. Maîtres du fort de la Croix, nous avions la clef du fort San-Géroni que l'on tournait par la gorge (voir la carte). L'on faisait brèche dans l'enceinte de la ville haute pour la prendre d'assaut, sans avoir de rampe très rude à gravir, car le fort de San-Géroni était de plain-pied avec la base des murailles de l'acropole et, du fort de la Croix moins en l'air, la route qui conduisait à la porte Saint-Antoine était en pente moyenne.

D'après ce projet, nous n'avions pas à nous occuper du fort de l'Olivo, placé à plus de 1500 mètres et séparé de nous par l'éperon du San-Géroni et d'autres collines. En prenant la ville haute nous provoquions la chute de la ville basse et des ouvrages du port, sans tirer un coup de canon. Quant aux défenseurs de l'Olivo, isolés et cernés, il ne leur restait qu'à mettre bas les armes.

Les forts de la Croix et de San-Géroni n'auraient certes pas été facilement emportés, ni l'assaut de la haute ville aisément conduit à bonne fin. Toutefois, on est en droit de calculer que la perte en hommes eût été réduite d'un tiers, car les cinq assauts qui marquèrent les étapes du siège par le côté du Francoli, auraient été *limités à trois*. De plus, les plis de terrain et les collines, abondant au nord-est autant qu'ils manquaient à l'ouest, étaient des abris naturels pour l'assiégeant. Enfin, le tir en montagne est souvent défectueux. Nous avons, d'autre part, constaté que la terre végétale existait partout à proximité pour les tranchées[1]. La vigne et les jardins tapissent les vallons et les pentes jusqu'auprès des roches servant de piédestal aux forts.

La fontaine du Loreto fournissait une eau potable excellente, sans compter les puits. Quant au ravitaillement en vivres il aurait été effectué dans les conditions établies vers Reus en utilisant le chemin qui devait relier la route de Tortose à celle de Barcelone. Cette dernière voie était une ligne de retraite éventuelle.

Le hameau de Molnas était désigné pour le quartier général. On avait à dos les villages de Pallaresos, Catllart, Altafulla et

---

[1] A l'Olivo nos hommes allaient chercher la terre végétale à plus d'un kilomètre.

Torredembarra, situés en éventail à quelques kilomètres vers l'est et le nord.

Le problème unique était la construction rapide d'une chaussée accessible à l'artillerie. Les hommes auraient durement peiné à l'exécution de cette tâche [1] ; mais, favorisés par la saison sèche et le terrain toujours solide à traverser, ils auraient triomphé de tout, sans pertes matérielles sensibles, et le siège eût probablement duré moins longtemps.

Quoi qu'il en soit, on a préféré le plan le plus naturel et le moins gros d'imprévu, en passant outre aux inconvénients et obstacles qui ajoutèrent encore à l'auréole de la victoire.

Prise du fort de l'Olivo.

Construit pendant les trois années précédentes avec le concours continu de plus de 1000 ouvriers, le fort de l'Olivo n'était pas encore entièrement terminé, mais il défiait déjà tous les assauts. Il était assis à l'extrémité de hauteurs s'étendant au nord de la ville et s'adaptait au plateau qu'il couronnait sur un pourtour de 1600 mètres. Une ligne de bastions bâtis sur le roc, avec fossés taillés à pic dans le marbre et mesurant 7 mètres de profondeur sur 10 mètres de largeur, protégeaient l'Olivo vers le septentrion. A l'intérieur de cet ouvrage et à droite s'élevait un réduit surmonté d'un cavalier dominant tout le pays; le bastion de gauche, isolé par un fossé, formait ainsi une nouvelle enceinte indépendante.

Les flancs du fort et sa gorge étaient protégés par la place. L'armement consistait en 47 bouches à feu, la plupart blindées, et la garnison variait entre 1200 et 2,000 hommes d'élite.

L'occupation de ce fort était arrêtée, en principe, dès l'investissement. Déjà la brigade Salme avait enlevé, le 4 mai, deux retranchements avancés couvrant l'Olivo dont les feux nuisaient aux assaillants en les prenant en écharpe. Sa possession devait permettre de commander le théâtre des opérations et de flanquer l'attaque sur le terrain même qui servait à flanquer la défense.

---

[1] La division italienne a fait passer, ne l'oublions pas, son artillerie de campagne de la route de Tortose à celle de Barcelone, à travers la montagne.

Dans la nuit du 13 au 14 mai, 2,000 Français (7e et 16e de ligne), aux ordres du général Salme, quittèrent leur campement et abordèrent, à la pointe du jour, les retranchements ennemis situés sur deux petites hauteurs à 300 mètres du fort.

Les Espagnols, entraînés par le colonel Aldea, soutinrent le choc; mais ils furent contraints, après une vive résistance, de se replier sur l'Olivo. Les Français retournèrent immédiatement les parapets des retranchements et y installèrent des gabions remplis de terre, qu'ils durent aller chercher à plus d'un kilomètre de distance, en raison de l'état rocailleux du sol dans tout le périmètre immédiat. Nos hommes n'étaient pas encore entièrement abrités quand Aldea, à la tête de trois colonnes, tenta de regagner le terrain perdu et prononça son attaque avec une telle impétuosité que les officiers arrivèrent à planter le drapeau sur le parapet, où ils trouvèrent une mort glorieuse ; mais, en dépit de cet élan, les assaillants furent repoussés avec une perte de 49 morts ou blessés, dit Belmas.

Suchet fit alors proposer au gouverneur du fort de capituler : on répondit à coups de canon. Il fallut donc se mettre en mesure d'amener de l'artillerie pour réduire l'Olivo, et l'on ouvrit à cet effet un chemin à travers les roches, opération qui demanda beaucoup de temps. On creusa de nouvelles tranchées avec infiniment de peine et l'on procéda enfin à l'installation des pièces à répartir entre les quatre batteries nos 5, 6, 7 et 8. 1000 hommes étaient employés journellement pour ces travaux, et le feu de l'assiégé causait de grands ravages dans les rangs.

Le 20, les Espagnols effectuèrent un mouvement contre les tranchées, mais ils furent ramenés. Le 27, la batterie de brèche no 6, la plus rapprochée du fort (150 mètres, après vérification sur les lieux), fut achevée dans la nuit. Les soldats traînèrent à bras les quatre pièces de 24 destinées à son armement, le tout à portée de la voix et sous la mousqueterie que l'obscurité rendait heureusement moins meurtrière. Pour couvrir cette manœuvre, dit notre auteur, une attaque contre le fort fut dessinée. Le brave général Salme, atteint d'un biscaïen à la tête, expira sur le coup, et les Français furent repoussés. Nos relations portent, au contraire, que les Espagnols, voulant empêcher la mise en batterie. exécutèrent une sortie de nuit, au clair de lune : le général Salme, s'élançant à la tête des réserves, tomba frappé à mort; mais les Espagnols furent refoulés à la baïonnette jusqu'aux fossés.

Le 28 mai, treize pièces ouvrirent le feu, qui continua pendant la journée du 29, démontant presque toutes les batteries adverses et détruisant en grande partie les murailles, surtout du côté de l'aqueduc, à notre gauche. Une brèche ne pouvait être facilement pratiquée dans l'escarpe taillée en plein roc et dépassant à peine le niveau du sol. Une attaque de vive force fut donc résolue pour le 29, à 8 h. 1/2 du soir.

Cette tentative était audacieuse, mais on avait reconnu, dit Belmas, « que le mur de gorge, n'ayant que 7 à 8 pieds de haut, pouvait assez facilement être escaladé ». En outre, le capitaine du génie Vacani avait découvert qu'un aqueduc fermait le fossé en le traversant, à la droite du fort, comme un pont presque de niveau avec le sommet de la contrescarpe. Quelques coups de canon, ajustés par le chef d'escadrons Duchand, à la chute du jour, brisèrent les palissades qui défendaient l'aqueduc en avant de la contrescarpe : c'était un passage tout indiqué pour nos troupes. Le colonel de Salas ne signale pas cette préparation du passage et semble croire que l'aqueduc fut découvert et utilisé par hasard au moment de l'assaut. Suchet, dans son rapport, autorise, d'ailleurs, cette opinion.

La garnison du fort était composée de fractions des régiments de Iberia, Gerona, America et volontaires de Saragosse, comprenant environ 2,000 hommes, très éprouvés par le siège. Néanmoins, tous étaient remplis d'enthousiasme, entraînés par le vaillant gouverneur Gomez, chef du régiment d'Amérique, et bien décidés à résister jusqu'à la dernière extrémité.

En vue de seconder l'attaque, Suchet prescrit une démonstration générale sur tout le circuit de la place pour le moment où les colonnes s'ébranleront. La garnison entière accourt aux remparts, l'artillerie et la mousqueterie font rage ; l'escadre même prend part au combat, lançant boulets et feux d'artifice pour illuminer la campagne : l'action devient si violente que Tarragone, au dire d'un témoin, ressemblait au cratère d'un volcan.

Cependant, deux colonnes, aux ordres, l'une du commandant Revel, l'autre, du commandant Miocque, se mettent en mouvement, appuyées par une forte réserve, sous la direction de l'adjudant commandant Mesclop. Ces troupes avaient pour chef supérieur le général Ficatier.

Une fraction armée, chargée de simuler une attaque sur notre droite (gauche du fort) pour y attirer l'ennemi, commence une vive fusillade, dont le bruit est renforcé par les tambours, qui battent la charge dans ces parages.

Contournant le fossé par la droite de la défense (notre gauche), la colonne Revel atteint la porte du fort donnant du côté de la ville au moment précis où achève de pénétrer dans l'intérieur un détachement de la place, venant relever la garnison de l'Olivo. La porte se refermait : cette coïncidence, toute fortuite et non préméditée, en dépit des assertions contraires, permet aux Français de profiter du désordre provoqué par l'entrée des Espagnols, par l'attaque générale exécutée autour de Tarragone et aussi par leur apparition à la suite du détachement. La porte est donc forcée sans grande peine [1] et une lutte corps à corps s'engage entre les deux partis dans l'intérieur du fort. Rappelons en passant qu'il était 9 heures du soir et que la nuit favorisait la confusion. Néanmoins, la défense aurait peut-être réussi à écraser les assaillants si la colonne Miocque, lancée à l'assaut du saillant de droite du fort, n'avait pris les Espagnols à revers au moment décisif du corps-à-corps à l'entrée de la porte. Ce mouvement stratégique faillit, d'ailleurs, échouer. Une partie de la colonne Miocque s'était, en effet, jetée avec intrépidité dans le fossé, mais les échelles employées se trouvèrent trop courtes pour gravir l'escarpe (ce fossé avait environ 7 mètres de profondeur; il a conservé presque les mêmes dimensions). La position des Français, mitraillés à bout portant, était donc très difficile et pouvait tourner au désastre, lorsque le capitaine Vacani découvre un passage d'environ 1^m,50 de largeur, joignant les deux bords du fossé, à moins de 1 mètre en dessous du faîte de l'escarpe, et formant une sorte de muraille qui supportait les tuyaux de l'aqueduc déjà cité. Grâce à ce passage, promptement dégagé des débris de palissades qui l'obstruaient à l'extérieur, la troupe

---

[1] Il fallut cependant escalader le mur de gorge, à l'aide d'échelles, pour pénétrer à l'intérieur et ouvrir la porte que l'on avait essayé vainement de briser à coups de hache, du dehors. (BELMAS, t. III, p. 500.)

envahit l'ouvrage sans rencontrer grande résistance de ce côté, dit la brochure, les défenseurs s'étant portés en masse vers les assaillants de la gorge. Nos deux colonnes se donnent la main ; mais les Espagnols, acculés dans le bastion de gauche ou réfugiés dans le réduit et le cavalier, luttent en désespérés et rendent encore le succès incertain. C'est alors que la réserve de Mesclop, composée de 500 grenadiers italiens, accourt par l'aqueduc. On escalade réduit et cavalier, et l'on force le bastion. Les défenseurs sont presque tous pris ou massacrés, et les officiers parviennent avec peine à arrêter le carnage.

En moins de trois heures, le drame était consommé : des hourras de victoire saluent ce dénouement et sont répétés dans tous les bivouacs. On se mit à l'œuvre immédiatement pour retourner les parapets, abriter les troupes et assurer l'occupation contre un retour de l'ennemi. A 2 heures du matin, la place, revenue de la stupeur que ce désastre, annoncé par les fuyards, lui avait causée, ouvrit une violente canonnade, mais sans parvenir à faire suspendre les travaux.

Le 30, au matin, le colonel O'Ronan dirigea une attaque contre le fort avec une nombreuse troupe et s'avança jusqu'aux parapets, déclare notre chroniqueur. Le sergent Lopez constata même qu'il était presque détruit et abandonné. Nos textes mentionnent cette sortie comme ayant avorté par l'envoi de nos réserves sur le flanc de la colonne ennemie. Ils ajoutent que l'Olivo, loin d'avoir été abandonné, était gardé par 1100 hommes, aux ordres du général Ficatier.

Les pertes des Espagnols, dit le colonel de Salas, furent considérables : environ 1200 morts, dont 200 artilleurs qui tombèrent au pied de leurs pièces ; 1000 prisonniers, dont 70 officiers ; de nombreux blessés, avec le gouverneur Gomez, qui comptait dix blessures ; 20 pièces d'artillerie, sur les 47 que contenait le fort et dont 27 furent mises hors de service [1].

Les Français accusèrent seulement 350 tués ou blessés, « mais on doit supposer que le nombre en fut beaucoup plus considérable [2] ».

---

[1] Ces renseignements concordent avec nos rapports militaires.
[2] Colonel DE SALAS.

Le général Suchet demanda une suspension d'armes pour enterrer les morts. Elle lui fut refusée. On procéda, en conséquence, à la crémation [1] des cadavres, qui dura trois jours entiers, sur les pentes de l'Olivo, face à l'acropole cyclopéenne.

Notre auteur écarte l'hypothèse d'une trahison, que l'on a mise en avant pour expliquer la coïncidence de l'assaut et de la relève du fort, aussi bien que la conservation du mur de l'aqueduc sur lequel passa la colonne Miocque. Il attribue les fautes commises au manque absolu de précautions militaires et à l'oubli des prescriptions les plus élémentaires, que l'on déplore trop souvent, dit-il, dans l'armée espagnole. Mais il ajoute que les Français se trouvèrent en contact avec la garnison montante, soit par hasard, soit par suite d'une manœuvre calculée d'avance.

A notre avis, aucun mystère ne plane, en réalité, sur la prise de l'Olivo. La relève de la garnison a fortuitement profité aux Français, qui ont été amenés à attaquer ce soir-là, uniquement par le succès de leur canonnade sur les ouvrages : l'heure était venue de tenter le coup décisif.

En supposant qu'ils aient eu connaissance des mouvements de troupes entre la place et le fort, il y aurait eu témérité de leur part à choisir l'heure de l'arrivée d'un renfort pour prendre l'offensive. Ils pouvaient, en effet, atteindre la porte avant le détachement de Tarragone, qui les aurait mis entre deux feux, ou arriver après son installation et avoir ainsi sur les bras, soit un effectif double, déjà mis en éveil et préparé à recevoir l'assaut, soit les troupes fraîches de Tarragone seulement, plus en mesure de résister que le contingent relevé après les fatigues du siège. L'hypothèse de surgir juste au moment où les derniers hommes pénétraient, pour profiter du désordre, escalader le mur et ouvrir la porte, était trop hasardeuse pour être prise en considération. Les circonstances ont servi l'assaillant, mais sans préméditation de sa part.

En ce qui concerne l'aqueduc, s'il n'avait pas été coupé par les Espagnols, c'était là une lourde faute inexcusable, puisque nos troupes l'avaient intercepté plus haut pour en priver le fort.

---

[1] Cette opération fut répétée pendant toute la durée du siège.

De Vaillcourt.　　　　　　　　　　　　　　　　2

Cette partie de l'enceinte n'était probablement, d'ailleurs, quelque peu dégarnie qu'en raison de l'attaque de la colonne Revel survenant du côté opposé et peut être aussi de l'arrivée de la troupe de relève. Enfin, la défense prévoyait-elle une entreprise de vive force à 9 heures du soir? Comment soutenir, en tous cas, l'hypothèse d'une trahison devant la résistance désespérée des chefs et des soldats? Cet assaut, il faut bien l'avouer, aurait difficilement abouti si l'aqueduc et l'escarpe avaient été gardés sérieusement et si les Français n'avaient eu la bonne fortune d'assaillir la gorge au seul, à l'unique moment favorable.

Tel fut ce célèbre fait d'armes exécuté sur un terrain qu'il faut avoir parcouru pour apprécier l'effort réalisé. Nous venons de visiter de nouveau, aujourd'hui même, 15 juin, l'Olivo et ses approches. Tel il était lors de l'assaut, tel il est resté, conservant les traces des boulets et la dévastation des brèches. L'aqueduc n'a pas disparu, le fossé s'ouvre encore béant et l'emplacement de certaines de nos batteries se révèle sur le sol tourmenté par la roche et souvent réfractaire à la culture. Un grand silence enveloppe la colline à cette heure crépusculaire, silence tragique à travers lequel passe le souvenir des victimes du 29 mai 1811.

Siége et prise du fort du Francoli.

Pendant que l'on opérait contre l'Olivo, Suchet prenait pour objectif le front du Francoli, c'est-à-dire la partie de l'enceinte comprise entre le bastion d'Orléans ou des Chanoines et le fort du Francoli.

Il n'entre pas dans le cadre de cette étude de décrire par le menu les innombrables travaux exécutés pour préparer l'assaut[1]. Bornons-nous donc à un coup d'œil d'ensemble.

On commença par construire un réduit carré à 1200 mètres du fort du Francoli, sur la rive droite du Rio et près de la plage[2], à l'effet d'écarter l'escadre anglaise et les canonnières qui ne nous laissaient, par leur tir, ni trêve, ni repos. Dès le

---

[1] Les relations françaises sont, d'ailleurs, reproduites à cet égard par le colonel de Salas.

[2] L'emplacement de cette redoute est encore très reconnaissable.

13 mai, deux canons de 24 maintinrent à distance les bâtiments ennemis. Le 15, les Français enfermés dans le réduit eurent à subir une sortie de la place, combinée avec un débarquement de l'escadre ; mais le général Habert secourut les défenseurs de la redoute et repoussa l'agresseur. Le 18, au lever du jour, nouvelle sortie plus importante sous les ordres du général San Juan avec environ 4,000 hommes divisés en trois colonnes. Les Espagnols traversèrent le pont du Francoli et s'emparèrent des premières tranchées. Un combat meurtrier s'engagea et l'opiniâtreté de l'attaque ne céda que devant un mouvement tournant du général Suchet. La retraite fut couverte par les feux de la flotte, des remparts et de l'Olivo : une femme du peuple « la Rossa » se distingua beaucoup dans cette action par sa bravoure et l'élan qu'elle imprimait à tous. Il y eut respectivement, de part et d'autre, 200 tués ou blessés.

Le réduit fut mis en communication avec le pont par une tranchée de 600 mètres. Une autre tranchée, partant du même pont, fut ouverte sur la rive droite et le long du Rio : elle servit à installer trois batteries destinées à éloigner l'escadre.

La chute de l'Olivo (29 mai) délivra les assiégeants des feux de cet ouvrage et leur permit d'activer fiévreusement leurs travaux, rendus plus rapides par la crainte de voir arriver une armée au secours de la place. Le général en chef, marquis de Campoverde, avait, en effet, quitté Tarragone le 31 mai, emmenant 6,000 hommes des meilleures troupes, avec le dessein de grossir ce noyau et de revenir sur la ville pour obliger les Français à déguerpir. Son départ avait été précédé de la réunion d'un conseil de guerre, à la date du 30 mai, afin de discuter les mesures à prendre pour sauver Tarragone. L'enlèvement de l'Olivo diminuait la confiance des défenseurs et il fut décidé que l'on tenterait de provoquer la levée du siège par le concours d'une armée extérieure, les ouvrages ne pouvant tenir indéfiniment. Campoverde nomma gouverneur le général Senen de Contreras, récemment arrivé de Cadix, qui fit tout pour décliner cette mission, alléguant en vain qu'il ne connaissait ni les troupes, ni leurs chefs, ni la place, ni ses environs. Bien que doué d'une énergie incomparable dont il donna l'exemple jusqu'à la fin, Contreras, opérant sur un terrain nouveau pour lui, ne songea qu'à la résistance, sans oser recourir à une offensive que la topographie des lieux rendait cependant très favorable dans le pourtour de l'enceinte. Campoverde lui adjoignit, comme gouverneur en second, son propre frère, José Gonzalez, colonel du 2e régiment de Savoie. C'était attacher à ses pas une entrave continuelle, car les dissentiments éclatèrent, sans tarder, entre le général en chef et le gouverneur toujours tenu en échec, dans ces occasions très fréquentes, par son second lui-même.

Le général Sardsfield fut chargé par Campoverde du commandement de la basse ville et du port avec des pouvoirs assez étendus pour contrecarrer, lui aussi, l'action du gouverneur en chef.

Le front nord-est et les forts détachés furent confiés au général Courten et le brigadier Messina prit le front nord et la muraille séparant la ville haute de la ville basse.

Le départ de Campoverde affaiblissait et démoralisait la défense. Néanmoins, nous devons ajouter que ce départ avait été précédé de l'arrivée d'un renfort de 5,000 hommes provenant de Valence et de Cadix. Le général Senen de Contreras faisait, d'ailleurs, partie de cette expédition ainsi que le colonel Eguagirre. Il restait donc au moins 15,000 combattants (et non pas 10,000) dans Tarragone et le gouverneur s'appliqua résolument à mettre tout en œuvre pour la résistance. Il régularisa le service des troupes, de la police, organisa des compagnies de volontaires avec les habitants et utilisa même les femmes pour les secours aux blessés, la confection des cartouches et de la charpie. Il était secondé par le patriotisme de la population qui répondit avec enthousiasme à son appel.

L'escadre anglaise veillait à la police de la rade et au transport des blessés à Villanueva ou aux Baléares. Enfin, elle nous tourmentait constamment de ses bordées et signalait nos mouvements, ainsi que les plans de la défense, à l'armée extérieure qui allait menacer nos derrières.

Le général Suchet pénétra de suite le programme de Campoverde et précipita le siège. 2,000 travailleurs furent journellement employés aux tranchées et l'on ouvrit, dans la nuit du 1er au 2 juin, la première parallèle à 300 mètres du chemin couvert du bastion d'Orléans.

Les jours suivants, les travaux se poursuivent : nouvelles tranchées, nouveaux réduits ; deux ponts sont construits sur la rivière. Le 7 juin, de grand matin, 25 pièces ouvrent le feu contre le fort du Francoli: à 6 heures du soir, les brèches étaient praticables. Les Espagnols avaient lancé 8,000 projectiles de toutes les batteries utilisables et causé de grands ravages dans nos rangs en dépit de la protection des tranchées. Néanmoins, il leur était impossible de se maintenir dans le fort et de prolonger la résistance, car presque toutes les pièces étaient démontées et les revêtements détruits. Le gouverneur, colonel Roten, du régiment d'Almanza, se retira dans la place, à 7 heures du soir, par ordre de ses chefs, après avoir évacué une grande partie de l'artillerie et les munitions. Des 29 artilleurs servant les pièces, 24 avaient succombé.

A 10 heures du soir, les Français, répartis en trois colonnes, pénétrèrent dans le fort abandonné [1]. Ils tentèrent immédiatement une surprise contre la lunette du Prince défendue par le capitaine Gonzalez Triguera et une fraction du régiment d'Almanza : après une lutte acharnée les assaillants furent repoussés avec des pertes considérables. Nos troupes s'installèrent dans le fort du Francoli, où l'on trouva deux pièces de 12, et tournèrent sur-le-champ les parapets contre la place.

Ainsi fut couronné le deuxième assaut : nous n'étions plus séparés du front de la ville basse que par la lunettte du Prince.

Assaut et prise de la lunette du Prince.

Du 8 au 16 juin notre auteur suit pas à pas la narration de Belmas décrivant les travaux d'approche, la deuxième parrallèle et la construction de cinq nouvelles batteries destinées à riposter à celles des murailles autant qu'à entamer le bastion des Chanoines *E* et la lunette du Prince *b*. Tous ces travaux furent très pénibles en raison des feux de la place qui ne permettaient de progresser que pendant la nuit.

Le 12 juin, les Espagnols firent une sortie, ainsi que le 13, sur

---

[1] Les historiens français et notamment Suchet, Thiers et Belmas assurent que l'assaut du fort du Francoli eut lieu sous un feu vif de mousqueterie qui fut de courte durée.

la route de Barcelone, sous les ordres du général Courten.....;
la division italienne les repoussa.

Sur le front attaqué eurent lieu également d'autres sorties,
notamment celle dirigée par le général Sardsfield à la tête
de 3,000 hommes et non signalée par nos historiens. La lutte,
ajoute le colonel de Salas, prenait un caractère d'acharnement
indescriptible. Un témoin occulaire rapporte que, venu pour
relever un poste de la demi-lune du Roi, il trouva tous ses défenseurs morts sur le parapet, sans avoir tenté de se retirer. La
gauche de nos tranchées et le fort Olivo, points plus à portée de
l'ennemi, étaient le principal objectif de l'artillerie espagnole.
C'est ainsi que le chef de bataillon Revel, commandant de l'Olivo,
eut la tête emportée par un boulet de canon [1].

Le 14 juin, une escadre anglaise composée de 2 navires, 4 frégates, 4 bricks et 30 bâtiments de transport mouilla dans les
eaux de Tarragone, et comme le port était fermé par notre
canonnade, débarqua 400 soldats non armés à la pointe du
Milagro qui échappait à notre tir [2]. Cette flotte continua ensuite
jusqu'au Villanueva où elle laissa une expédition de 4,000 Valenciens qui fut incorporée aux troupes de Campoverde. Ce dernier
réunit de la sorte 9,500 fantassins et 1200 cavaliers, force bien
suffisante pour attaquer les lignes françaises ; mais il n'en fit
rien, malgré les pressantes sollicitations du gouverneur de
Tarragone et de la junte de Catalogne. Néanmoins, ces renforts
apportés à l'armée de secours ranimèrent la défense qui parvint
à faire rompre le blocus, par la route de Barcelone, à un gros
détachement de cavalerie, lequel rejoignit Campoverde à Torredembarra.

Le 16 juin, l'artillerie française, mise en place pour le tir,
ouvrit le feu avec 54 pièces, obusiers ou mortiers, contre le
front d'attaque. La riposte fut terrible et la fusillade sur nos
embrasures produisit des effets meurtriers, car la plupart des
batteries n'étaient qu'à 120 mètres des ouvrages. Les assié-

---

[1] BELMAS, t. III, p. 517.

[2] Notre narrateur est en contradiction avec la version française qui constate
le débarquement non pas de 400 soldats, mais de 2,000 hommes, dont un
grand nombre de canonniers, renfort des plus précieux après la perte de
l'Olivo. (BELMAS, t. III, p. 518.)

geants auraient consommé dans cet engagement, dit Suchet, plus de 200,000 cartouches et les assiégés environ 800,000 [1]. La batterie n° 16, l'une des principales, était bouleversée [2] et le centre de notre parallèle désorganisé ; mais notre feu avait pris la supériorité et le succès paraissait assuré.

Les batteries de la place eurent plusieurs pièces démontées, 32 artilleurs tués et 48 blessés, parmi lesquels les lieutenants de Guevara et Solanes. « Leur feu est tellement soutenu, dit Suchet, en parlant des Espagnols, que je ne puis me rendre compte comment ils ont assez de bras pour y suffire : il faut de la rage pour soutenir de pareils efforts et une bien grande vigueur pour en triompher. »

Le 16, avant la nuit, tous les parapets de la lunette du Prince qui couvrait le bastion Saint-Charles, à l'entrée du port, étaient détruits par notre artillerie [3]. Suchet résolut, en conséquence, de donner l'assaut. A 9 heures du soir, deux colonnes de 100 hommes chacune, commandées, l'une par le capitaine Marion, l'autre par le lieutenant Fourtier, et placées sous les ordres supérieurs du chef de bataillon Javersac, s'élancèrent sur l'ouvrage. La colonne de droite tourne le fort par la plage et envahit la gorge. Celle de gauche tente l'escalade avec succès au moyen d'échelles. Les Espagnols, surpris à la gorge du fort, résistent néanmoins avec acharnement, entraînés par le lieutenant-colonel Subirachs et luttent à l'arme blanche. A l'exception de quelques-uns, qui se replient sur l'enceinte, tous meurent ou sont faits prisonniers [4] ; ces derniers blessés, en majorité, notamment le sous-lieutenant d'artillerie San-Martin, commandant les pièces. Des seize grenadiers provinciaux qui montaient la garde dans le réduit, un seul échappa ; les autres couvraient de leurs corps le poste de combat.

Le général Sardsfield, dès qu'il apprit l'attaque, mit ses

---

[1] La cloche de la cathédrale signala 1560 projectiles tombés ce jour-là dans l'enceinte de la haute ville.

[2] Suchet visita cette batterie servie par *des Italiens et lui donna le nom* de « batterie du roi de Rome ». Les canonniers saluèrent ce baptême par les cris de « vive Napoléon ! » (*Lettre de Suchet à Berthier du 19 juin 1811.*)

[3] *L'escarpe n'était qu'écrétée, mais on espérait tourner le fort par la gorge.* (BELMAS, p. 519.)

[4] 200 tués et 80 prisonniers, dit Suchet. (Lettre déjà citée.)

réserves sous les armes, accourut au bastion San-Carlos, suivi d'un bataillon du 2e régiment de Savoie et renforça la batterie de San-José avec le régiment d'Almeria. Il était temps, car ces deux points furent assaillis par les Français, qui revinrent trois fois à la charge après l'enlèvement de la lunette du Prince [1]. Ils furent, néanmoins, contenus et rejetés, laissant un grand nombre d'hommes sur le terrain et plusieurs officiers distingués, notamment le commandant Javersac.

On trouva sept pièces d'artillerie dans la lunette. Le parapet fut retourné contre la place et l'on établit des communications en arrière.

Après ce troisième assaut, les Français devenaient maîtres du dernier ouvrage détaché de la ville basse, dont on pouvait aborder directement le front, qui s'étendait du bastion Saint-Charles, à la droite des assiégeants, au bastion d'Orléans ou des Chanoines, à leur extrême gauche.

Les pertes essuyées par les deux camps depuis le début du siège étaient déjà considérables à cette date du 16 juin. Les assiégés avaient leurs hôpitaux remplis de blessés et ils avaient évacué, avec le concours de l'escadre anglaise, 3,418 blessés sur Villanueva et les Baléares. Les assiégeants accusaient 1 général, 2 colonels, 15 chefs de bataillon, 19 officiers du génie, 11 officiers d'artillerie, 120 officiers d'infanterie et environ 2,500 hommes hors de combat.

Il restait cependant à enlever la ville basse, le môle et la haute ville.

Conquête de la ville basse ou le 4e assaut.

Au fur et à mesure qu'ils voyaient tomber leurs ouvrages entre les mains des Français, les Espagnols redoublaient d'énergie et accumulaient sur le front de nouvelles batteries. Il fallait à tout prix précipiter le dénouement, car Campoverde devenait de plus en plus menaçant depuis l'arrivée des 4,000 Valenciens amenés par la flotte anglaise. Le colonel Villamil mettait en déroute, le 16 juin, à Gratallops, non loin de Falset, le colonel

---

[1] Cette seconde attaque n'est pas relatée dans nos textes.

Kozinowski et lui infligeait une perte de 300 hommes [1]. D'autre part, le bataillon d'Airolles manœuvrait dans la même région, et les guérillas harcelaient sans répit les détachements français. Suchet se détermina, en conséquence, à renforcer sa ligne en appelant la *brigade du général Abbé (114e et 121e) et le 115e* d'infanterie qui, de Téruel et Alcañiz, s'était déjà porté au secours des dépôts et approvisionnements du Priorato. Cet ensemble comprenait six bataillons formant un contingent de 3,657 hommes.

Les assiégés, de leur côté, commençaient à désespérer de l'intervention efficace de Campoverde, qui répondait à la proposition émanant de Contreras, *de brusquer l'attaque des positions françaises,* par le projet de cerner Suchet pour lui couper les vivres. Cette résolution impressionnait douloureusement la garnison. De plus, les dissentiments existant entre les deux chefs espagnols et leurs subordonnés nuisaient à la défense et à la direction des mouvements.

Cependant, comme nous l'avons dit, les travaux du siège furent poussés avec une activité fébrile. De la première parallèle on passa à la seconde, et la troisième fut terminée le 18 juin, *le tout en dépit du feu terrible des assiégés.* Le bastion des Chanoines ou d'Orléans, le fort Royal qui le domine et le bastion de San-Carlos étaient battus par 44 pièces. A l'aide de galeries souterraines, on pénétra dans les fossés des deux bastions, dont la contrescape fut renversée; plusieurs issues furent préparées pour faciliter l'accès des colonnes d'assaut vers les brèches.

Ces travaux étaient particulièrement difficiles devant le *bastion des Chanoines dont la contrescarpe* était revêtue. On établit donc une descente le long de cette muraille pour la percer ensuite et déboucher dans le fossé. Bien plus, les sapeurs cheminant à la sape pleine sur le revers même de la brèche, parvinrent jusqu'au sommet de cette brèche et l'enlevèrent sans assaut, opération très rare dans l'histoire des sièges. Cet exploit défiait peut-être tous précédents par le fait que l'assiégé labourait le terrain *de ses feux convergents : 37 obus tombèrent successivement sur*

---

[1] D'après les relations françaises c'est, au contraire, le colonel Villamil qui fut repoussé de Mora avec ses 1500 hommes par les colonels Kozinowski et d'Aigremont. (BELMAS, t. III, p. 21.)

le couronnement de la contrescarpe. Le lieutenant d'artillerie Barbaza réussit même à descendre dans le fossé deux pièces légères, qui mitraillaient les travailleurs français en les obligeant à suspendre leur mouvement : il perdit 5 artilleurs sur les 8 qui l'accompagnaient dans cet audacieux fait d'armes. Dans nos rangs, l'élan était extraordinaire, et les brèches s'élargissaient à vue d'œil. Les Espagnols, de leur côté, faisaient pleuvoir une grêle de projectiles de tous les parapets.

Le 21 juin, dès l'aube, la batterie n° 20, de 4 pièces, établie sur le terre-plein prolongé de la lunette du Prince contre le bastion Saint-Charles, vint prendre part à ce duel émouvant. A peine a-t-elle lancé quelques boulets qu'un obus de la place fait sauter son magasin à poudre. Le colonel Ricci, presque enseveli sous les décombres, est rapidement dégagé. Il répare les dégâts causés par l'explosion, et reprend son tir avec une telle précision que la brèche Saint-Charles était praticable avant la nuit. Au bastion des Chanoines, une autre brèche était également accessible, de même qu'à l'angle droit du fort Royal, points balayés sans répit par les batteries 17 et 18.

Le drame touche à sa fin pour la ville basse : on sent, de part et d'autre, que le dernier effort va être tenté. La défense s'y prépare de son mieux et place deux fourneaux de mine sous le saillant du bastion d'Orléans. Le général Sardsfield, commandant du faubourg, renforce les points les plus menacés ; mais, manquant de troupes, il ne peut disposer comme réserve que du régiment de Santa-Fé, réduit à 300 baïonnettes. Ses préparatifs ne sont pas achevés quand il reçoit son passeport pour aller rejoindre Campoverde qui le réclame, et il s'embarque sous les yeux de ses troupes découragées d'un tel abandon au moment du danger. Le colonel Carles le remplace provisoirement jusqu'à l'arrivée du brigadier Velasco.

Il est 4 heures du soir : Suchet ordonne l'assaut.

A 7 heures, tous les préparatifs sont terminés : 1500 grenadiers et voltigeurs précédés de sapeurs portant des échelles sont réunis dans les tranchées sous les ordres du général Palombini, prêts à fondre sur les brèches. 1000 travailleurs suivent la colonne. Le général Montmarie, placé à la gauche de la première parallèle, forme la réserve à la tête du 5e léger et du 116e de ligne appuyés par deux bataillons du 7e de ligne échelonnés au pied du fort Olivo, qui doit couvrir les deux cités de ses projectiles. Ce général est ainsi en mesure soit de seconder l'attaque, soit de refouler les sorties de la haute ville. Enfin, à l'extrême gauche, toute la division Harispe est sur pied vers la route de Barcelone et ses boulets tombent sur la ville haute pour inquiéter la garnison.

La journée est splendide ; le soleil plane au-dessus des montagnes de Prades derrière lesquelles il va disparaître dans un embrasement de fête. Ses rayons frappent horizontalement les remparts et toute la vieille cité dont le panorama se déroule face à la mer et à la montagne ; nos soldats tournent le dos au soleil qui met en lumière les positions ennemies. Soudain, à 7 heures, au signal de quatre bombes tirées ensemble, cinq colonnes s'élancent à la fois au cri de « Vive l'Empereur ! ».

La première, forte de 300 hommes d'élite des 116e, 117e et 121e régiments, sous les ordres du colonel du génie Bouvier, part du fossé des Chanoines, gravit la brèche du bastion, surprend les Espagnols et les pousse jusqu'au pont-levis où ils font face et arrêtent les voltigeurs ; mais les grenadiers accourent à la rescousse, passent sur le corps des défenseurs, dont ils font un carnage affreux, pénètrent dans l'enceinte et plantent leurs échelles contre les murs du fort Royal, le tout d'un seul élan. Là se joint aux assaillants une deuxième colonne de 50 grenadiers du 115e commandée par le capitaine Thiébault, aide de camp du général Rogniat. Cette colonne, partie du fossé de la demi-lune du Roi, ouvrage situé au sud du bastion des Chanoines, tourne la demi-lune, s'empare audacieusement du réduit en arrière et atteint le pied du fort Royal en même temps que la colonne Bouvier. Ces deux troupes sont, d'ailleurs, appuyées sur leur droite par celle du colonel Bourgeois qui, après l'assaut du bastion Saint-Charles, tourne à gauche et gravit le perré incliné de l'escarpe par la face sud en s'aidant des arêtes et des angles des bastions[1]. Les défenseurs, étourdis par la rapidité de l'agression, luttent mollement et se laissent tuer,

---

[1] Il ressort de toutes les narrations que la demi-lune du Roi et le fort Royal ont été très faiblement défendus par leur garnison affolée ou découragée d'avance.

sans penser à faire jouer les mines préparées, ou sans pouvoir assurer l'explosion.

En même temps que la gauche emporte le bastion des Chanoines et que le centre tourne la demi-lune du Roi, à la droite, la troisième colonne commandée par le chef de bataillon Fondzelski et composée de 300 hommes d'élite des 1er et 5e légers et du 42e de ligne, se précipite, au signal des quatre bombes, sur la brèche du bastion Saint-Charles. Une résistance acharnée l'y attend et la tient en échec. Mais une quatrième colonne formée de 300 carabiniers du 1er léger aux ordres du colonel Bourgeois suit la troisième en vue de l'appuyer et de se porter ensuite sur la face sud du fort Royal. Cette nouvelle masse enlève la première et la hisse pour ainsi dire au sommet de la brèche Saint-Charles. Tous franchissent les coupures, renversent les palissades. Fondzelski pousse les ennemis vers les maisons du faubourg où ils continuent à combattre sans se rendre, tandis que Bourgeois, suivant son objectif, atteint le fort Royal qui est ainsi conquis par l'assaut combiné des colonnes Bouvier, Thiébault et Bourgeois.

La cinquième colonne composée de 50 grenadiers du 115e et commandée par le capitaine Baccarini avait débouché des fossés de la lunette du Prince pour se porter vers le môle, en passant par la plage. De ce côté, les Espagnols nous culbutent et, lorsque Fondzelski triomphant arrive à hauteur de Baccarini, il se heurte, comme lui, aux troupes du brigadier Velasco qui, venant de prendre le commandement délaissé par Sardsfield, exécute un retour désespéré avec toutes les réserves qu'il ramasse. Les Français reculent ; mais, voici le colonel Robert, spécialement chargé de la droite ; il se hâte à la tête de ses hommes frémissants d'ardeur, dégage Fondzelski et accable les Espagnols acculés à la mer et au môle où ils sont massacrés après un corps-à-corps épouvantable ; quelques-uns parviennent à se réfugier dans la haute ville.

De toutes parts, la victoire est complète. Les Français se répandent comme un torrent à travers le faubourg ; surexcités par la lutte, ils ne font pas de quartier et, sans même épargner l'habitant, ils poursuivent les fuyards presque sous les murs de la haute ville dont ils tentent de forcer la porte. Mais le **général de Contreras a reformé, au pied de la muraille, le**

1er régiment de Savoie en retraite, et les salves de cette troupe arrêtent la marche des Français.

A 8 heures, c'est-à-dire en pleine lumière (nous le constatons personnellement à cette même date du 21 juin), toute la ville basse, le port et le môle étaient au pouvoir des Français. La nuit tombe graduellement sur cette scène de désolation et les plaintes des blessés se mêlent au murmure de la Méditerranée qui vient mourir au pied des remparts.

Des 5,000 hommes qui composaient la garnison de la basse ville, près de 2,000 furent tués[1] et l'on ne fit que 160 prisonniers presque tous blessés[2]. 80 canons restèrent au pouvoir du vainqueur dont les pertes s'élevèrent à 120 tués et 372 blessés.

Celui qui, à notre exemple, désire reconstituer le tableau de ce dramatique asssaut en partant, le 21 juin, à 7 heures du soir, du pied du bastion dévasté d'Orléans pour s'élever jusqu'au sommet du fort Royal et gravir la partie nord non démontée de l'antique basse ville, conservera, même aujourd'hui, un souvenir inoubliable de ce pèlerinage. Ce touriste songera que 2,000 cadavres ont été brûlés sur ces roches de marbre. Il embrassera du regard le cadre de la nature : à l'occident, la ligne des montagnes et l'horizon empourprés par le crépuscule, spectacle imposant à Tarragone ; au sud et à l'orient, la mer estompée par les premières ombres et reflétant encore l'incendie du couchant. Si cette excursion est couronnée par une visite à la cathédrale, masse recueillie sous le poids des siècles, le contraste d'autrefois entre la guerre et la paix éclatera d'une manière saisissante et la même cloche qu'au soir du 21 juin 1811 annoncera aux descendants des assiégés, par ses huit coups tristement répétés, l'heure de la chute de la basse ville, présage de la catastrophe finale[3].

---

[1] 1500 environ, disent nos historiens.

[2] « Victimes échappées, par une espèce de prodige, à la fureur du soldat que chaque assaut irrite et anime de plus en plus. » (*Lettre de Suchet à Berthier du 26 juin 1811.*)

[3] « Nous avions déjà livré quatre assauts meurtriers et ce n'était pas le dernier que devait nous coûter le siège de Tarragone, exemple extraordinaire d'héroïsme dans la défense et dans l'attaque. » (THIERS, *Histoire de l'Empire*, liv. 42e : Tarragone.)

Assaut et prise de la haute ville. — Chute de Tarragone.

A. — AVANT L'ASSAUT,

Dans les lignes françaises, à l'armée de secours et dans la place.
— Dès l'occupation définitive du faubourg et pendant la nuit
même du 21 au 22 juin, tout fut disposé pour mettre les troupes
à couvert et la nouvelle conquête en état de résister à un retour
offensif des Espagnols. Le 22, la place répondit à coups de fusil
aux avances d'un parlementaire sorti de nos lignes. Dès lors,
Suchet résolut de pousser à fond les derniers travaux pour
assurer le couronnement du siège.

Le front attaqué de la haute ville s'étendait en ligne droite,
face au sud-ouest ; il était composé d'une enceinte bastionnée et
terrassée, appuyée sur le roc, sans fossé, ni chemin couvert. Le
peuple appelait cette façade la « muralletta » ou petite muraille.
Quatre bastions la défendaient : celui de Saint-Paul, au nord et
du côté de la terre ; celui de Saint-Jean, avec la porte du même
nom ; puis, le bastion de Jésus, l'un et l'autre au centre ; enfin,
le bastion du cardinal Cervantès, à notre droite et au sud, termi-
nait l'enceinte vers la mer, comme le bastion Saint-Paul la bor-
nait au nord.

Du 22 au 27 juin, on construisit deux parallèles, la seconde à
140 mètres de la place et, le 28, à 4 heures du matin, l'artillerie
attendait le signal pour ouvrir son feu. Au cours de ces travaux
la place ne cessait d'inonder le champ d'opérations de projectiles
et même de grenades de verre.

Quatre batteries allaient commencer le duel du dernier jour.
Celle n° 21, au centre de la parallèle, devait, avec 8 pièces de 24,
ouvrir la brèche sous le flanc droit du bastion Saint-Jean. Mais
les embrasures ayant été dirigées, par une erreur de calcul
extrêmement regrettable, sur la partie gauche du bastion, au
lieu de regarder la droite, il fallut renoncer à la brèche projetée.
Les feux de cette batterie vinrent renforcer ceux du n° 22, qui
étaient destinés à jeter bas l'extrémité de la courtine touchant le
flanc gauche du bastion Saint-Paul. L'assaut ne put ainsi être
donné que sur ce point, le plus éloigné de la parallèle, et l'on

demeure surpris qu'une agglomération des défenseurs au sommet de la brèche unique n'ait pas fait avorter l'attaque.

La batterie n° 22, à gauche de la parallèle, dirigeait 4 pièces de 24 sur le bastion Saint-Paul (flanc gauche) et 2 pièces de 24 sur le flanc droit du bastion Saint-Jean afin de le contre-battre.

La 23e batterie, dominant les deux autres en arrière, réservait les bouches de ses 4 mortiers aux bastions Jésus et Cervantès qui nous prenaient en écharpe.

La batterie n° 24, établie au pied de l'Olivo et sur le prolongement de l'enceinte, devait décharger ses 4 obusiers sur les 4 bastions du front qu'elle enfilait en ligne droite.

Enfin, l'anse formée par la pointe du Milagro et le fort de la Reine était battue, depuis le 23 juin, par 2 pièces de 24 et un obusier disposés sur la plage; d'autre part, les canons espagnols du môle avaient été retournés, à la même date, contre la rade, de sorte que la flotte anglaise fut tenue à l'écart, après avoir jeté inutilement, en s'éloignant, une masse de fer sur nos positions de la basse ville le lendemain de l'assaut du 21 juin.

Le dénouement immédiat s'imposait à Suchet, et les hommes eux-mêmes le comprenaient si bien qu'ils rivalisaient d'ardeur, l'infanterie aidant et encourageant l'artillerie et le génie. On savait, en effet, que Campoverde était en contact avec nos avant-postes. Le 20, le baron d'Airolles, son lieutenant, nous enlevait un convoi entre Mora et Falset. Nos approvisionnements de Reus pouvaient durer quelques jours encore, mais il fallait précipiter les événements pour ne pas être affamés. Le 23, Campoverde, poussé en avant par le cri de la Catalogne et de la place, se portait de Montblanc sur Villarodona et chargeait le général Miranda, avec la division valencienne renforcée, d'attaquer les campements français de Pallaresos et Hostalnou. Le général en chef s'établissait ensuite à Catllart, ayant auprès de lui les généraux Sardsfield, San Juan et Caro pour soutenir la première ligne. Mais cette démonstration ne fut pas appuyée : le même jour, Campoverde se retirait sur Villanueva, en vue, disait-il, d'y recueillir les nouvelles troupes de débarquement annoncées. Miranda, de son côté, ne se décida pas à prendre l'offensive, et les 4,000 hommes de la garnison, sortis par la route de Barcelone, sous les ordres du général Courten, pour donner la main aux arrivants du dehors, durent rentrer en ville après avoir été décimés par les Italiens.

Bien que les historiens espagnols critiquent amèrement la conduite de Campoverde en cette occasion, il faut noter à sa décharge que Suchet, averti de son mouvement, avait formé en bataille, pour le recevoir vers les hauteurs du Loreto et lieux circonvoisins du côté nord, les deux divisions Frère et Harispe, la cavalerie et l'artillerie de campagne. Une surprise était donc impossible, et les Français, bien qu'inférieurs en nombre, avaient toutes chances de succès, car ils auraient fait des prodiges plutôt que de renoncer à Tarragone, qui leur avait coûté tant d'efforts.

Le général de Contreras, nous le verrons plus loin, protesta contre l'attitude de son chef, insistant pour une attaque combinée avec un effort de la place représentée par lui comme à bout de résistance.

Enfin, Campoverde se décida, suivant sa lettre du 25 juin 1811 adressée à Contreras et datée de Vendrell, « à livrer une action générale ». « Mais, comme je n'ai pas une entière confiance dans quelques-unes de mes troupes, qui sont de nouvelles levées et que le salut de la place et de la province dépend du résultat de cette action, Votre Seigneurie fera embarquer, cette nuit même, 4,000 hommes des meilleures troupes pour venir me joindre ici. Il vous restera dans la garnison 5,000 hommes qui suffiront pour faire une sortie, dans l'instant où s'effectuera notre mouvement. » Le colonel O'Renan fut envoyé à Tarragone par le général en chef pour prendre le commandement de l'expédition. Ces troupes furent formées autour du fort de la Reine, contre la plage, mais O'Renan regagna Vendrell sans donner suite au projet, et les bâtiments ne s'approchèrent même pas pour l'embarquement [1].

Le 24, une escadre amenant une division anglaise de 2,000 hommes aux ordres du colonel Skerret mouilla devant Tarragone. Le colonel, après avoir reconnu l'état de l'enceinte, déclina l'offre du général Contreras qui lui laissait toute latitude

---

[1] On est en droit de supposer que le colonel O'Renan, après inspection de la place et reconnaissance des batteries françaises, jugea impossible de priver Tarragone de ses meilleures troupes à la veille d'un assaut probable.

pour choisir un poste de combat, retourna à bord et fit voile vers Villanueva en voyant le danger que courait la place d'être prise d'assaut[1]. Il conduisait ainsi un nouveau renfort de 2,000 combattants d'élite à Campoverde, lequel résolut, dit-on, de jouer la partie le 29 juin en abordant les Français avec toutes ses forces réunies. C'est, du moins, ce qu'a déclaré Contreras et c'est également la nouvelle qui fut recueillie par Suchet. Le 27, le baron d'Airolles pénétra dans Tarragone, étudia la position et partit en promettant, lui aussi, de concourir, le 29, à l'engagement général avec ses 6,000 hommes échelonnés derrière Reus.

En admettant que l'action se fût livrée, nous aurions eu, cette fois, sur les bras, à l'extérieur, les 15,000 hommes de Campoverde et les 6,000 du baron d'Airolles; à l'intérieur, 8,000 à 10,000 soldats de la garnison décidés à vaincre ou à mourir. La perspective était singulièrement alarmante, et l'enlèvement de la place, le 28 juin, représentait l'unique solution à poursuivre pour éviter de terribles aléas.

Après ce coup d'œil sur l'attaque et les opérations de l'armée de secours jusqu'au matin du 28, transportons-nous dans les murs de Tarragone afin d'assister à ses préparatifs pour la lutte suprême. La stupeur y régnait et les derniers travaux d'approche portèrent l'anxiété à son comble. Le gouverneur comprenait le peu de résistance des murailles, l'impossibilité d'exécuter des sorties par la seule porte Saint-Jean, non protégée. Les officiers d'artillerie manquaient et la garnison harassée, ne voyant pas venir le salut du dehors, perdait son énergie morale. Contreras, irrité de l'inaction du général en chef, l'incriminait durement, et les relations étaient des plus tendues. Le 24 ou le 25, le gouverneur ayant réitéré ses plaintes et demandé impérieusement de l'aide sous peine d'un désastre, Campoverde lui enjoignit formellement de remettre le commandement au général Velasco ou à tout autre chef déterminé à se défendre. Contreras répondit en donnant son passeport au général Velasco et réunit un conseil de guerre dans lequel il fut déclaré à l'unanimité que la place ne pouvait se soutenir plus longtemps sans secours. Presque en

____

[1] Rapport du général de Contreras sur la prise de Tarragone.

même temps, un autre conseil de guerre tenu à Vendrell, au quartier général, décidait que la garnison se battrait dans les rues, comme à Saragosse, et que l'armée extérieure harcèlerait l'assiégeant en attendant l'heure opportune pour l'action. L'arrivée et le départ précipité des Anglais augmentèrent le découragement. Enfin, l'ordre de détacher 4,000 hommes de la garnison, quoique non exécuté, porta la confusion à son comble.

En dépit de ces impedimenta, Contreras, prévoyant et l'assaut des Français et l'abandon de Campoverde, répara les murailles, fit créneler les maisons les plus rapprochées de l'enceinte et ouvrit entre elles des communications. Tous les édifices et les rues donnant sur la Rembla, promenade parallèle au front menacé, furent barricadés. On construisit des parapets avec des tonneaux remplis de terre, et les escaliers des maisons furent démolis. Un canon placé au-dessus de la porte de Barcelone (Santa-Clara), derrière le bastion Cervantès, devait balayer de sa mitraille toute la longueur de la Rambla.

Dans l'après-midi du 28 juin, au moment où notre artillerie faisait rage, le gouverneur harangua son monde, ranima les courages et dicta les dispositions dernières. Courten, qui garnissait les forts, s'y maintiendrait pour les sauver d'une surprise, tout en se préparant à les évacuer à un moment donné. Le brigadier Messina commanderait la « muralletta », ayant à ses ordres le colonel Eguaguirre, chargé de tenir la ligne de la Rambla et d'en occuper les maisons avec le régiment d'Almansa. La défense de la brèche fut confiée aux deux bataillons provinciaux de Castilla-la-Nueva et au régiment d'Alméria, avec le 2me de Savoie et des réserves. Quelques bataillons couvraient l'enceinte depuis la porte du Rosario jusqu'à San-Magin. Enfin, dans l'intérieur de la ville, d'autres troupes étaient prêtes à courir au danger.

A la dernière heure et sous la préoccupation d'une défaite probable, Contreras se décida, paraît-il, à tenter une trouée avec ses troupes, plutôt que de les rendre prisonnières. Il méditait une sortie par la porte du Rosario pour se jeter entre Constanti et l'Olivo, tourner sur Vendrell, à l'est, et atteindre l'armée de secours. A 8 heures et demie du soir, moment présumé de l'assaut, l'évacuation devait commencer en partageant les troupes en trois fractions. La première, de 1500 hommes, commandée par le colonel Roten ; la seconde, de 2,000 hommes, sous les ordres du général Courten, et la troisième, de 2,700 hommes, dirigée par le colonel Eguaguirre. Ce dernier attendrait les Français, les contiendrait à la brèche et se retirerait par échelons avec le soutien d'une arrière-garde de 400 grenadiers d'élite. 1000 chasseurs couvriraient le flanc gauche après la sortie des murs. Les Français, dont presque toutes les forces étaient agglomérées du côté de la mer en vue d'appuyer l'assaut, ne pourraient opposer qu'une faible résistance vers la ligne de retraite. Les précautions étaient prises pour diriger les blessés sur l'escadre, enclouer l'artillerie et implorer la clémence de Suchet en faveur des habitants au nom de l'humanité et des lois entre peuples civilisés.

Ce plan est relaté dans la brochure du colonel de Salas ; mais le général de Contreras ne l'a pas divulgué par écrit. C'est un historien espagnol, Adolfo Blanch, qui le rapporte en détail. A-t-il été réellement conçu ? Nous l'ignorons ; en tous cas, les prévisions sur l'heure de l'assaut ont été déjouées, puisqu'il a été livré à 5 heures. Ce contre-temps, joint à la marche foudroyante des assiégeants, a pu faire échouer les combinaisons projetées.

B. — LA BRÈCHE ET L'ASSAUT FINAL.

Nous sommes au 28 juin 1811. Il est 4 heures du matin, le soleil va paraître. A un signal, toutes nos pièces des batteries anciennes et nouvelles commencent à gronder, emplissant la ville et les collines de leur voix formidable qui semble animer l'acropole quarante fois séculaire. Trois pièces de la face gauche du bastion Saint-Paul sont démontées en peu de temps. A dix heures, le magasin à poudre du bassin Cervantès fait explosion, bouleversant l'ouvrage et causant un grand nombre de victimes. Le feu cesse de ce côté au détriment de la défense qui comptait sur le flanquement de ce bastion pour repousser l'assaut.

La plupart des projectiles espagnols tombaient sur nos batteries 21 et 22, et les murailles vomissaient la mousqueterie. Nous avions trois cents tireurs qui, garnissant les saillies du terrain, prenaient pour cibles les embrasures de l'artillerie adverse. Rien ne ralentissait l'ardeur de nos canonniers, les blessés étant immédiatement remplacés. Tous les regards fixaient la brèche commencée de la courtine attenante au bastion Saint-Paul, et les soldats, anxieux, accourus de tous les points animaient les artilleurs. A midi, la brèche parut s'élargir à vue d'œil : les boulets accumulaient les décombres vers la base et adoucissaient la pente. A 5 heures, la brèche était praticable sur une largeur de 10 mètres.

Ce moment était attendu avec une sorte de frénésie dans les lignes françaises déjà formées pour l'action. Le général Suchet commanda l'assaut en modifiant l'heure habituelle, afin de pouvoir reconnaître et forcer l'ennemi dans ses derniers retranchements avant la nuit close.

Trois colonnes de 400 hommes chacune étaient réunies dans les tranchées et les maisons voisines, sous les ordres du général Habert ; des officiers du génie et des sapeurs tenaient la tête de ces colonnes.

Le général Ficatier, commandant les tranchées, disposait d'une réserve de 1200 hommes dans les rues du faubourg, à portée de tout appel.

Le général Montmarie, avec cinq bataillons, était posté hors de la ville basse, sur notre gauche, à hauteur des premières parallèles. Il avait pour objectif d'attaquer, au signal convenu, la porte du Rosaire, de la face nord de l'enceinte, et d'en conquérir l'entrée par tous les moyens afin de prendre à revers le quartier de la Rambla, derrière lequel, à une centaine de mètres de distance, la porte en question donnait accès.

Le général Harispe gardait étroitement les abords de la route de Barcelone pour couper les fuyards dont l'on prévoyait la retraite par la porte Saint-Antoine.

Enfin, toutes les autres troupes étaient sous les armes.

Le signal est donné vers 5 heures et demie. Notre feu cesse tout d'un coup et celui de la place redouble. Les Français s'élancent au pas de course, franchissant à découvert l'espace de 120 mètres qui les sépare de la « muralleta ». A mi-chemin, ils reçoivent une décharge à mitraille des trois pièces du bastion Saint-Jean. La colonne se creuse, mais continue néanmoins, et, après avoir contourné la ligne des aloès qui hérissent les abords de l'enceinte, la tête atteint la brèche. Les rangs sont déjà rompus par la mousqueterie, et les premiers assaillants, rencontrant l'ouverture couverte de décombres et de terre non tassée, que la pente entraîne sous leurs pas, trébuchent, chancellent, hésitent. Finalement, toute la troupe, écrasée sous une tempête de fer, repoussée par l'élite de la garnison armée de fusils, de haches, de piques et lançant des vociférations ardentes, se groupe et se défile au pied du bastion en répondant aux balles ennemies, mais sans avancer. A cette vue, le général Suchet donne un ordre, et la réserve accourt ; il électrise son entourage et tous ses aides de camp, le général Habert, les officiers à proximité forment comme une avant-garde de héros à la phalange qui suit, enthousiasmée. Bianchini, sergent italien, promu à ce grade pour sa belle conduite à l'Olivo, a obtenu, sur sa demande, l'honneur de monter le premier à l'assaut. Il gravit le talus, reçoit deux blessures, parvient au faîte, avance encore, et tombe enfin frappé à mort. On se pousse, on se soutient ; le flux montant reporte au sommet de la brèche le flux descendant, et, après des efforts inouïs, l'obstacle, couvert de cadavres qui servent à la fois d'escalier et de barrière à la masse débordante, est définitivement franchi[1]. Les Espagnols plient malgré leur valeur et se retirent, en combattant, dans l'intérieur.

La digue est rompue : c'est un envahissement. La première colonne s'engage à droite sur le rempart. Celle du centre fonce en avant, balaye les défenseurs et se retranche, au commandement du général Rogniat, dans les maisons voisines de la brèche qui sont crénelées, afin de résister à une contre-attaque. La troisième colonne se jette à gauche pour faire le tour du rempart vers le Nord, par le bastion Saint-Paul, et ouvrir la porte du Rosaire au général Montmarie. Cette colonne trouve, avec une surprise

---

[1] En ce moment, un officier espagnol, remarquable par sa taille et sa figure, donnait aux siens l'exemple de l'audace et de la fureur. Le capitaine du 116° Francoul, l'un des plus beaux grenadiers de l'armée, crie à sa compagnie : « En avant ! Suivez-moi ! », et il s'élance quand un coup mortel vient le frapper.

Presque en même temps, l'officier espagnol qui se faisait remarquer au sommet de la brèche est tué à son tour et sa chute ouvre un passage à nos colonnes. (Suchet, rapport au général Berthier du 7 juillet 1811.) — Le nom de cet officier espagnol est resté inconnu.

joyeuse, la poterne de communication entre le bastion Saint-Paul et la courtine du Rosaire béante devant elle par suite de la négligence du colonel Canaleta, alors qu'elle avait été jusque-là maintenue fermée sur l'ordre du colonel Eguaguirre. C'est une fortune inespérée : conduits par le capitaine Vacani, nos sapeurs se précipitent donc vers la porte du Rosario qu'ils ouvrent, de l'intérieur, au milieu des acclamations de la troupe du général Montmarie, ainsi délivrée du feu terrible des murailles. Cette même réserve pénètre alors comme une trombe dans les rues sur les derrières des Espagnols barricadés le long de la Rambla et décide de la journée. Sans cette intervention, la lutte menaçait de traîner, indécise. La colonne du centre, suivie de la marée montante des renforts, après avoir culbuté les assiégés, était, en effet, arrivée pêle-mêle avec eux jusqu'à la Rambla. Mais, soudain, les événements changent de face. Des maisons, converties en forteresses, qui bordent cette promenade, des barricades coupant les rues qui viennent y déboucher, part, dès l'apparition des nôtres, une épouvantable fusillade. La lutte recommence avec furie ; les Français sont arrêtés.

Tout à coup, une rumeur de mêlée, puis des cris de triomphe retentissent derrière le pâté de la Rambla : ce sont les bataillons Montmarie qui ont fait irruption par la porte du Rosaire et cernent les défenseurs pris en avant et en arrière. Une panique indescriptible s'empare alors des Espagnols, dont la ténacité était restée indomptable jusqu'à ce moment. Les obstacles qui obstruent le passage sont renversés par les sapeurs, et l'invasion se répand dans le circuit de l'enceinte aussi bien que dans la ville. Le colonel Eguaguirre, commandant de la Rambla, se voyant assailli de tous côtés, dépêche son aide de camp Ramos au troisième bataillon de Valence posté en face de San-Magin ; mais ce bataillon a disparu, emporté dans la tourmente qui domine maintenant la place entière. Vainement les officiers se multiplient pour empêcher la débandade. Restent néanmoins quelques pelotons isolés de soldats et de chefs qui prolongent le combat en se retirant vers la cathédrale à travers les rues étroites et tortueuses de la haute ville. Ces groupes, parvenus au sommet du perron de vingt marches faisant face au monument, fusillent encore les Français acharnés à leur poursuite : c'est le signal de leur perte. Le colonel Gonzalez, frère de Campoverde, attend là, l'épée à la main, l'heure de la destinée. Il succombe glorieusement et roule de marche en marche jusqu'à la fontaine du bas, contre laquelle son cadavre va rebondir. Les survivants sont rejetés à la baïonnette dans la cathédrale où s'engouffre à leur suite le flot des vainqueurs qui les y massacrent sans pitié, en épargnant, toutefois, les 900 blessés étendus sur les dalles de l'immense édifice. Ils respectent également 200 ou 300 habitants, femmes, vieillards et enfants, réfugiés dans ce temple qu'emplissent les gémissements, les cris d'effroi et le cliquetis des armes.

Le général de Contreras, sans défaillance jusqu'à la fin, cherche à reconstituer la résistance vers la porte San-Magin, ou à sauver les débris de la garnison. Il est blessé d'un coup de baïonnette et tombe au pouvoir d'un détachement français. Le bruit de sa mort, en se propageant, consomme la déroute dans l'intérieur.

Cependant, le gros des forces espagnoles, rallié par le général Courten, a franchi la porte San-Antonio et s'est lancé sur la route de Barcelone. Les chefs vont tenter de percer les lignes françaises pour gagner Vendrell et l'armée de secours. Vain espoir ! En prévision de ce mouvement, la division Harispe a été rapprochée des murailles au moment de l'assaut, par ordre de Suchet, et barre les avenues. D'un autre côté, le général en chef lui-même s'est porté le long de la mer, sans entrer en ville, avec quelques compagnies de voltigeurs, pour couper la retraite aux vaincus. Le fort de la Reine, adossé à la Méditerranée, se remplit de fuyards. Il est canonné par une batterie du bastion Cervantès retournée contre lui, puis enlevé par le général Rogniat, à la tête des voltigeurs, qui capturent 300 ou 400 hommes.

Les 6,000 à 7,000 soldats échappés des murs n'ont plus d'autre ressource que de traverser la division italienne, et ils l'abordent avec un élan désordonné ; mais ils sont repoussés par une fusillade meurtrière. Les dragons et les hussards, saisissant cette occasion unique d'entrer en action, les chargent impétueusement. Sabrés et enveloppés malgré leur résistance, les infortunés retournent sur leurs pas et sont acculés à la mer dans l'anse du Milagro. Là, plus de 1500 périssent sous les sabres ou les baïonnettes ou se perdent dans les flots. Peu nombreux sont ceux qui parviennent à se réfugier à bord de l'escadre anglaise dont les boulets, pendant ce drame, écrasent les combattants confondus. Enfin, 5,000 hommes environ rendent les armes, ainsi que les généraux Courten, Cabrera et Messina ; les autres remontent vers la ville poursuivis par la cavalerie.

Tel est le dernier épisode de la défense, mais non la dernière liste des victimes. En effet, dans l'intérieur de Tarragone, le carnage et la désolation continuent à la nuit tombante et se prolongent de toutes parts. La soif de vengeance, que les obstacles n'ont cessé d'attiser, la fureur du combat au milieu du sang, du bruit et de la fumée, l'enivrement de la victoire et la longue souffrance physique exaspérée par une chaleur suffocante, soufflent comme un vent d'implacable folie dans les cerveaux exaltés. Après d'incroyables efforts pour calmer leurs hommes, les officiers, généraux en tête, réussissent enfin à mettre un terme aux excès et à protéger les survivants de cette hécatombe.

L'ordre se rétablit lentement, et l'on rassemble les troupes qui passent la nuit sur la Rambla et la place d'Armes.

« Les atrocités commises, dit le colonel de Salas, seront sévèrement jugées par la postérité. » Il faut, en effet, déplorer les rigueurs qui signalèrent la prise de Tarragone ; mais, en acceptant le dernier assaut, le général de Contreras avait prévu, comme il l'avoue lui-même dans sa brochure, les conséquences de cette effroyable aventure, tentée en vue de se maintenir jusqu'à l'arrivée promise de l'armée de secours.

D'autre part, il n'y a malheureusement pas d'exemple d'une ville emportée dans les conditions de celle-ci, et complètement soustraite aux représailles du vainqueur.

Les trophées de ce mémorable siège étaient : 320 pièces d'artillerie, une grande quantité de poudre et de munitions, 15,000 fusils, 1 million de cartouches, 20 drapeaux, et près de 20,000 Espagnols tués, blessés ou faits prisonniers.

Exactement, il y eut 2,500 soldats tués pendant et après le dernier assaut, et 9,781 prisonniers. 2,042 hommes avaient été pris depuis le commencement du siège, ce qui forme un total de 11,822 prisonniers. En dehors des soldats tués, il y eut, après l'invasion de la ville, 2,200 victimes parmi les habitants. C'est là une moyenne entre le chiffre de 1500 donné par nos historiens et celui de 3,000 rapporté par le colonel de Salas.

Dans la ville de Tarragone, 236 maisons étaient complètement détruites et plus de 500 menaçaient ruine.

Nos pertes s'élevèrent, pour la journée du 28 juin, à près de 500 hommes tués ou blessés. Notre chroniqueur assure qu'elles ont été réellement plus considérables en raison de l'acharnement de la lutte. Nous opinons différemment, car ce chiffre représente environ les deux tiers du total enregistré par nos adversaires eux-mêmes, qui n'eurent même pas 1000 hommes hors de combat, si l'on fait abstraction du massacre de plus de 1500 des leurs par la division Harispe.

Pendant toute la durée du siège, les Espagnols eurent 7,000 hommes environ tués ou blessés, et 11,822 prisonniers.

Les Français perdirent au siège de Tarragone, entre officiers et soldats, 4,296 hommes, dont 1218 tués. Parmi les blessés, 900 étaient mutilés de manière à ne plus pouvoir reprendre de service.

Le 29 juin, le général Suchet fit amener à Tarragone les conseils municipaux des villages environnants, afin de les rendre témoins, à titre d'enseignement et de leçon, du spectacle de désolation de leur capitale. Cette promenade funèbre ne fit qu'allumer davantage dans le pays le désir de la revanche. Nombre de personnes conservent encore les bas maculés de sang d'un aïeul pendant cette marche tragique à travers la cité sur les cadavres de ses concitoyens.

. . . .

L'armée française occupa la place pendant deux ans et cinquante-et-un jours, depuis le 28 juin 1811 jusqu'au 18 août 1813. Le général Suchet avait ordre de faire sauter Tarragone pour la démanteler, Napoléon ne voulant conserver que Tortose, en Catalogne, à cause des bouches de l'Ebre. Une forteresse de cette importance était, en effet, très dangereuse si elle retombait au pouvoir de l'ennemi. Mais Suchet reconnut que 1000 hommes suffiraient à garnir la ville haute, dont la position et l'enceinte étaient précieuses pour nous. Il se borna donc, d'accord avec le général Rogniat, à détruire les ouvrages de la basse ville.

Les gouverneurs français, après lui, furent les généraux Bourgeois et Bartoletti.

La population était réduite à un nombre infime de personnes, et la ville conservait son aspect de dévastation.

Avant d'évacuer Tarragone, Bartoletti fit placer 23 mines sous les principaux monuments ou forts de la haute ville. Les habitants, invités à sortir des murs, se dirigèrent vers la colline dite de la « Budellera. » Ils s'agenouillèrent en cet endroit pour dire un dernier adieu à la patrie, à l'héroïque cité, soulevée par les explosions et enveloppée de flammes. Un monceau de ruines : tel est l'état dans lequel une gravure de l'époque représente Tarragone.

Le 19 août 1813, à 5 heures du matin, les Français abandonnèrent définitivement la ville. Ainsi finit l'épopée de 1811, et nous célébrons aujourd'hui même, 28 juin 1899, le 88e anniversaire de cet inoubliable triomphe.

Critique de l'attaque et de la défense.

Après le récit qui vient de se dérouler, nous devons répéter avec l'auteur de la brochure espagnole et tous les historiens que le siège de Tarragone est l'un des plus remarquables des temps modernes.

L'attaque a été menée avec un art, une précision et une énergie peu communes. La défense de la ville a été des plus héroïques, en dépit des dissentiments entre les chefs et du rôle néfaste de Campoverde. Enfin, l'escadre anglaise a fourni un concours incessant aux Espagnols, qui ne l'ont peut-être pas suffisamment reconnu, eu égard au faible parti que l'armée extérieure a su tirer de ses services.

Et d'abord l'attaque a été savamment préparée. La base des opérations, la ligne des communications à maintenir avec l'Aragon, Lérida, Tortose ; l'échelonnement des postes dans la région montagneuse qui s'étend derrière Reus ; tout était assuré. Le problème de l'approvisionnement des troupes dans un pays soulevé, ayant pour objectif de nous affamer, était aussi difficile à résoudre que le siège à diriger. Nous n'eûmes pourtant qu'un seul convoi intercepté le 20 juin, alors que le ravitaillement suffisait pour attendre la fin du siège.

L'investissement s'exécuta le 4 mai : à la chute du jour, Tarragone était bloquée par terre.

Le choix du front d'attaque, dont nous avons longuement parlé, présentait d'immenses avantages à première vue. Cependant, nous le répétons, il était possible d'aborder franchement la haute ville par sa face nord-est vis-à-vis les forts de la Croix et de San-Géroni, les seuls redoutables en avant de la muraille romaine.

Pourquoi, dit le colonel de Salas, n'a-t-on pas fait élection d'un second front d'attaque afin de diviser les forces et les feux de la place? Un motif capital devait, à lui seul, écarter ce programme ; la répartition, sur deux points principaux, des troupes et de l'artillerie à peine suffisantes pour aborder un seul côté, tout en maintenant le blocus, eût été, à bon droit, taxée de témérité [1].

Ceci dit, les travaux ont été menés avec une méthode et une supériorité technique dont le succès final a consacré la valeur. Les assauts étaient combinés et appuyés avec une telle précision qu'ils dénotent une longue pratique des sièges et une expérience consommée.

Le génie creusa des tranchées sur une longueur de 10,000 mètres, couronna les chemins couverts de quatre ouvrages et pénétra par galeries dans plusieurs fossés. 22 officiers du génie et 187 sapeurs ou mineurs furent tués ou blessés. Le général Rogniat et ses officiers mirent le sceau à leur gloire par ces travaux.

L'artillerie construisit 24 batteries comprenant 64 pièces ; elle ouvrit 9 brèches et tira 42,000 coups. 18 officiers et 260 canonniers perdirent la vie : le général Valée se surpassa dans la direction de cette arme.

L'infanterie rivalisa de dévouement avec les autres corps en concourant au creusement de toutes les tranchées, en repoussant toutes les sorties et en emportant toutes les brèches. Elle eut 3,757 hommes hors de combat dont 140 officiers.

On peut affirmer, dit le colonel de Salas, que les pertes des Français, pendant le siège, dépassèrent considérablement les chiffres officiels. Le total de 7,000 hommes rapporté par certains historiens espagnols paraîtrait plus rapproché de la réalité.

Pour notre part, rien ne nous autorise à opiner en ce sens,

---

[1] Les quatre batteries employées à la prise de l'Olivo n'ont joué contre la ville qu'un rôle très secondaire en raison de leur éloignement des murailles (plus de 1000 mètres).

car les contradicteurs n'appuient leur assertion sur aucun document. De plus, si le général Suchet avait été privé du concours de 6,000 combattants avant l'assaut final, il n'aurait pas hésité à s'adjoindre (et les moyens ne manquaient pas) un renfort double de celui que fournissait la brigade Abbé. En effet, ses troupes réduites de 6,000 hommes n'auraient pu matériellement ni affronter avec chance de succès l'armée de secours, ni même aborder la brèche avec la confiance que réclame cette entreprise suprême.

Les assiégés méritent, de leur côté, un tribut d'admiration pour l'inébranlable constance dont ils ont fait preuve jusqu'à la fin. Le nombre des défenseurs était sensiblement égal à celui des assiégeants : les affirmations contraires ne tiennent pas devant le tableau des morts, blessés et prisonniers présenté par les auteurs espagnols eux-mêmes. L'étendue de l'enceinte à couvrir était si considérable, nous l'avouons, que la garnison y suffisait à peine. Mais n'oublions pas que l'attaque fut dirigée sur un seul point, circonstance qui permit d'accumuler soldats et canons devant les Français. Il faut encore observer que les ouvrages emportés, s'ils n'étaient pas tous de première force, avaient pour eux le nombre et la position naturelle. On s'explique de la sorte la durée du siège qui dépassa le temps habituellement employé dans les cas ordinaires.

Mais ce qui nuisit particulièrement aux Espagnols ce fut la mésintelligence entre les généraux et même entre leurs subordonnés. Les mutilations imposées à la garnison par Campoverde ne pouvaient amener que le découragement : c'est miracle que le général de Contreras ait su ranimer et maintenir ses troupes jusqu'à la dernière heure. Nous n'hésitons pas à résumer ici les faits épars dans notre récit pour mettre en lumière toutes les responsabilités.

Campoverde avait d'abord quitté Tarragone vers la mi-avril avec 8,000 hommes pour attaquer Macdonald à Figueras. Battu, il revient le 10 mai suivi de 4,000 combattants seulement. Il commande jusqu'au 31 mai une garnison qui, depuis le 20, comptait environ 19,000 hommes. Les sorties sont effectuées avec des forces insuffisantes pour prétendre au succès. Le 31 mai, la prise de l'Olivo fait entrevoir à Campoverde un dénouement fatal et le conduit à délaisser Tarragone pour tenter de la délivrer ensuite au moyen d'une armée de secours. A cet effet, il emmène avec lui 6,000 hommes des meilleures troupes de la garnison et leurs principaux chefs, en conférant le commandement au général Senen de Contreras, ainsi privé d'une partie de ses moyens de défense.

L'armée de secours formée, Campoverde hésite, tâtonne, recule enfin et donne aux assiégés l'impression qu'ils sont abandonnés à leurs propres forces. Toutes les représentations de Contreras en vue d'obtenir un appui extérieur sont inutiles. Bien plus, le général en chef lui retire, pour ainsi dire, le commandement et rappelle les généraux Sardsfield, Velasco et autres. Il complète ces mesures en exigeant l'envoi d'un dernier renfort de 4,000 hommes à tirer encore de la garnison. Cet ordre n'est pas exécuté, mais il produit ses conséquences naturelles sur le moral des troupes.

Le général de Contreras, en dépit de son caractère difficile et pointilleux, révéla, au contraire, une énergie de résistance inébranlable. Il prit le gouvernement de la place dans les conditions les plus défavorables. Et si la défensive pure, sans autre idéal plus audacieux, fut son unique programme en attendant la délivrance du dehors promise et annoncée, il exécuta, du moins, ce programme jusqu'à la limite des forces humaines.

Une réserve toutefois : quoique déprécié, humilié même par le général en chef vis-à-vis de la garnison, Contreras aurait pu, avec un caractère moins entier et des communications écrites moins acerbes à son supérieur hiérarchique, conjurer bien des défections et détourner mille difficultés dans l'accomplissement de sa tâche.

Nous avons noté qu'il assume la responsabilité du dernier assaut, déclarant que le secours était en vue, qu'une action combinée devait avoir lieu le 29 juin, c'est-à-dire le lendemain de la prise de Tarragone ; enfin, qu'il était en droit d'espérer un recul des Français devant les 10,000 hommes d'élite qui lui restaient. Voici les instructions finales de Contreras pour atteindre ce but : « J'ordonnai à ces troupes (chargées de garder la brèche) de ne pas tirer un seul coup de fusil, mais d'avancer, pour repousser la colonne française, qui viendrait également à la brèche sans tirer, et, la baïonnette en avant, de charger cette colonne au moment où elle monterait et de la faire retourner en arrière avec un tel carnage qu'elle n'osât plus revenir une seconde fois. » Ces ordres ne furent pas strictement exécutés. Néanmoins, les assiégés se sont immortalisés à la brèche.

Si l'on peut critiquer les généraux espagnols, les soldats déployèrent, par contre, un courage et une abnégation d'autant plus méritoires que bon nombre de leurs chefs, confesse le gouverneur dans son rapport, « se sont sauvés de Tarragone, fuyant la peine et le danger, sans avoir la permission ; d'autres l'ont demandée sous des prétextes peu honorables, en feignant d'être malades, ou en commettant des bassesses pour cacher leur lâcheté ». L'artillerie se distingua particulièrement. Les officiers de cette arme faits prisonniers furent chaudement félicités par le général Suchet.

Quant aux habitants de la ville ayant affronté le siège, leur patriotisme est au-dessus de tout éloge. Une moitié environ de la population avait abandonné la place avant et après l'investissement. La flotte anglaise servait au va-et-vient entre l'intérieur et l'extérieur.

Ses services ont été contestés par les auteurs espagnols, et notre narrateur abonde en ce sens, faisant remarquer qu'elle a plutôt débilité la défense en favorisant la séparation de nombreux éléments utiles à la place. C'est ainsi que Campoverde a pu s'échapper de Tarragone avec 6,000 hommes pour aller former une armée de secours. Rappelons, toutefois, que la flotte en question avait d'abord réintégré dans Tarragone ce même général avec 4,000 hommes et que, grâce à son concours, les 7,000 défenseurs du début furent successivement renforcés jusqu'à présenter un total de 19,000 hommes réduit à 13,000 après le départ de Campoverde. De plus, les bateaux anglais amenèrent à la mi-juin la division du général Miranda, soit 4,000 hommes destinés à l'armée de secours ; enfin, une nouvelle force de 2,000 Anglais débarqua à Villanueva le 25 juin, et fut également incorporée.

L'escadre rendit d'autres services en évacuant sur Villanueva et les Baléares 3,418 blessés espagnols. Elle procura des vivres, du matériel et des munitions pendant la durée du siège. Pour tout résumer, l'armée extérieure lui dut sa formation, et la place elle-même vit pour le moins doubler sa garnison, grâce aux transports anglais.

Voilà un programme déjà bien rempli, à ne considérer que cet aspect des choses. Le parti tiré de ces immenses avantages n'a pas été brillant, il faut en convenir ; mais, sous une direction plus habile, toutes les chances de succès étaient entre les mains de nos adversaires.

En tant qu'élément actif contre l'assiégeant, l'escadre n'a pas joué un rôle moins saillant. Elle a entravé notre action, très vigoureusement au début, et nous a forcés à construire et à armer 4 batteries au bord de la mer, sur la rive droite du Francoli, pour éloigner ses feux. Sa participation ultérieure à la défense n'a cessé de nous incommoder.

Nous n'apprendrons, au surplus, rien à personne en constatant que les Espagnols n'étaient entre les mains des Anglais qu'un instrument de combat contre nous. L'égoïsme britannique a fini par être compris de leurs alliés dont la gratitude s'est trouvée, à juste titre, très refroidie. Il reste, néanmoins, acquis à l'histoire que l'échec définitif des Français dans la péninsule est dû au patriotisme des Espagnols, guidé et soutenu par le génie et les troupes de Wellington.

La prise de Tarragone est le résultat de l'habileté de Suchet, admirablement secondé par son armée. Tout autre, peut-être, eût échoué dans cette entreprise que les Espagnols, par leurs divisions intestines et la lenteur de leur action extérieure, ont contribué à faire réussir ; mais, il ne s'agissait plus, notons-le encore, que d'une journée de retard pour compromettre cette rude campagne, et si la fortune avait été quelque peu clémente à la défense, tant à l'Olivo qu'aux divers assauts donnés, le retard se produisait et pouvait, en provoquant la levée du siège, changer totalement l'aspect de la guerre en Catalogne.

Un revers de cette importance, en ranimant le courage des Espagnols, en faisant surgir de nouveaux ennemis sous nos pas, n'aurait-il point modifié le cours des projets de Napoléon pour 1812 ? L'apparition de dangers imprévus devait amener non seulement le maintien en Espagne des troupes d'élite, que l'Empereur en a tirées pour sa campagne de Russie, mais encore l'envoi de renforts considérables. Les événements de la Péninsule pouvaient revêtir une gravité telle que l'attention de Napoléon eût été absorbée de ce côté jusqu'à réalisation de son programme de 1810, qui était de résoudre la question européenne en Espagne par la pacification de ce pays et la défaite des Anglais. Ces derniers nous offraient l'occasion de les combattre sur le continent ; c'était la victoire sous le commandement de Napoléon.

Pour imposer cette tâche à l'Empereur et l'arracher à son rêve néfaste sur la Russie au moment où il prenait corps, un revers de Suchet venant de Tarragone, survenant à l'heure solennelle de la grande décision [1], n'aurait-il pas pesé dans la balance ?

Nous ne visons d'ailleurs point l'incident, secondaire en lui-même, d'un siège avorté, mais bien les conséquences de la défaite de l'armée d'Aragon. La prise de Valence fut, en effet, le corollaire de celle de Tarragone, et l'on connaît les vastes projets de Napoléon basés sur cette conquête éventuelle. Il prescrivait à Suchet de se mettre en mouvement vers le 15 septembre au plus tard pour enlever Valence et lui promettait les renforts nécessaires à cette entreprise. Effectivement, il fit converger vers lui toutes les troupes disponibles en Espagne sous les généraux Caffarelli, Reille et Montbrun. Napoléon se flattait, en outre, que, Valence emportée, Suchet étendrait son action jusqu'à Grenade ; l'armée d'Andalousie se transporterait alors en Estramadure. La moitié, pour le moins, de cette armée pourrait rallier celle de Portugal, formant ainsi un effectif de 60,000 combattants, sans compter l'adjonction de l'armée du Nord qui viendrait grossir cette masse. On serait en mesure, de la sorte, de triompher des Anglais acculés à Lisbonne [2].

Napoléon crut donc un moment que le sort de l'Espagne était lié à la prise de Valence, et il subordonna tout à l'enlèvement de cette place, devenu possible par l'occupation de Tarragone. Cette dernière ville nous eût-elle échappé, tout cet échafaudage s'écroulait. Les Catalans, victorieux, se soulevaient en masse contre Suchet ; Valence envoyait à leur aide de nouvelles troupes pour nous repousser vers la frontière, peut-être les 18,000 Anglais de Blacke.

Ciudad Rodrigo et Badajoz, boulevards de la frontière espa-

---

[1] C'est vers la fin du mois de mai 1811 que l'expédition de Russie fut décidée (THIERS, *Histoire de l'Empire*, livre 41).

[2] THIERS, *Histoire de l'Empire*, livre 42.

gnole contre les Anglais, furent repris par Wellington dans les premiers mois de 1812. Ces deux défaites impressionnèrent vivement Napoléon, mais sans ébranler son plan vers la Russie. Un désastre en Catalogne suivi de ce terrible échec aurait peut-être compromis notre situation sur tous les points et forcé Napoléon à recommencer en personne la conquête de la Péninsule contre les Anglais. Dans ces conditions, l'issue de la guerre n'était plus douteuse ; on évitait l'expédition de Russie et la paix du monde, en même temps que le repos de la France, étaient assurés.

De Vallcourt.

PARIS. — IMPRIMERIE R. CHAPELOT ET Cᵉ, 2, RUE CHRISTINE.

www.ingramcontent.com/pod-product-compliance
Ingram Content Group UK Ltd.
Pitfield, Milton Keynes, MK11 3LW, UK
UKHW022206070726
13613UKWH00003B/1496